BESTACTIVITYBOOKS.COM

Copyright © 2022 LINGUAS CLASSICS

Todos los derechos están reservados. Ninguna parte de este libro puede ser reproducida o utilizada de ninguna manera sin el permiso escrito del titular de los derechos de autor, excepto para el uso de citas en una reseña de libros.

PRIMERA EDICIÓN - 2022

Ilustración Gráfica Extra: www.freepik.com
Gracias a Alekksall, Starline, Pch.vector, Rawpixel.com, Vectorpocket, Dgim-studio, Upklyak, Macrovector, Stockgiu, Pikisuperstar & Freepik.com Designers

Descubra Juegos Gratis Online

Disponibles Aquí:

BestActivityBooks.com/FREEGAMES

5 CONSEJOS PARA EMPEZAR

1) CÓMO RESOLVER LAS SOPA DE LETRAS

Los rompecabezas tienen un formato clásico:

- Las palabras se ocultan sin espacios ni guiones,...
- Orientación: Las palabras pueden escribirse hacia delante, hacia atrás, hacia arriba, hacia abajo o en diagonal (pueden estar invertidas).
- Las palabras pueden superponerse o cruzarse.

2) APRENDIZAJE ACTIVO

Junto a cada palabra hay un espacio para anotar la traducción. Para fomentar un aprendizaje activo, un **DICCIONARIO** al final de esta edición te permitirá comprobar y ampliar tus conocimientos. Busca y anota las traducciones, encuéntralas en el puzzle y añádelas a tu vocabulario!

3) MARCAR LAS PALABRAS

Puedes inventar tu propio sistema de marcado. ¿Quizás ya usas uno? También puedes, por ejemplo, marcar las palabras difíciles de encontrar con una cruz, las que te gustan con una estrella, las nuevas con un triángulo, las raras con un diamante, etc.

4) ESTRUCTURAR EL APRENDIZAJE

Esta edición ofrece un **CUADERNO DE NOTAS** muy práctico al final del libro. En vacaciones, de viaje o en casa, podrás organizar fácilmente tus nuevos conocimientos sin necesidad de un segundo cuaderno!

5) ¿HABÉIS TERMINADO TODAS LAS PARRILLAS?

En las últimas páginas de este libro, en la sección **DESAFÍO FINAL**, encontrarás un juego gratis!

¡Rápido y sencillo! Echa un vistazo a nuestra colección de libros de actividades para tu próximo momento de diversión y aprendizaje, ¡a sólo un clic de distancia!

Encuentre su próximo reto en:

BestActivityBooks.com/MiProximoLibro

En sus marcas, listos, ¡Ya!

¿Sabías que hay unas 7.000 lenguas diferentes en el mundo? Las palabras son preciosas.

Nos encantan los idiomas y hemos trabajado duro para crear libros de la más alta calidad para tí. ¿Nuestros ingredientes?

Una selección de temas adecuados para el aprendizaje, tres buenas porciones de entretenimiento, y luego añadimos una cucharada de palabras difíciles y una pizca de palabras raras. Los servimos con cariño y máxima diversión para que puedas resolver los mejores juegos de palabras y te diviertas aprendiendo!

Tu opinión es esencial. Puedes participar activamente en el éxito de este libro dejándonos un comentario. Nos encantaría saber qué es lo que más le ha gustado de esta edición.

Aquí hay un enlace rápido a tu página de pedidos:

BestBooksActivity.com/Opiniones50

Gracias por tu ayuda y diviértete!

Todo el equipo

1 - Arqueología

```
V H H Y H D R O S E F O R P W
F Ý C L W T W B D A I T P X Z
O M Z I T S O K S B S W J E Á
S Á P K V I Í N E C O N D O H
I N B Ě U I L J V M Á R H C A
L Z I V R M L B M Ý H G N B D
I E R O G D N I I T V N T Í A
E N L R K G B Í Z S I K X W K
I R P A R É Y G K A X N L X B
V I X T U O C L D W C I L H O
K S V S O B J E K T Y E O Y R
I M B Z D E P P O T O M E K H
L A A Z A P O M E N U T Ý O Z
E T E A N A L Ý Z A S V W R K
R A Z K N J W M Y D X Y I H O
```

ANALÝZA
STAROVĚK
ROKY
CIVILIZACE
POTOMEK
NEZNÁMÝ
TÝM
ÉRA
HODNOCENÍ
ODBORNÍK

FOSILIE
KOSTI
VÝZKUMNÍK
ZÁHADA
OBJEKTY
ZAPOMENUTÝ
PROFESOR
RELIKVIE
CHRÁM
HROBKA

2 - Granja #2

A	C	Z	D	Y	H	B	N	L	Y	L	D	H	S	Z
E	N	R	A	N	I	N	E	L	E	Z	A	N	L	E
R	S	M	S	V	K	O	Z	P	I	X	Y	M	J	M
O	V	O	C	E	L	H	P	A	S	T	Ý	Ř	A	Ě
T	K	N	X	C	K	A	Z	V	Í	Ř	A	T	A	D
K	W	É	C	V	A	H	Ž	I	U	P	K	G	K	Ě
A	J	J	L	O	C	B	W	O	U	Ú	H	X	U	L
R	S	K	G	M	H	X	V	I	V	L	E	D	K	E
T	R	Í	Č	Ě	N	H	E	J	L	Á	X	J	U	C
J	Í	D	L	O	A	Z	C	R	O	B	N	K	Ř	U
S	T	O	D	O	L	A	I	Z	U	T	B	Í	I	D
J	E	Č	M	E	N	T	N	J	K	K	B	T	C	P
H	B	S	R	O	F	H	E	V	A	L	C	X	E	Z
E	J	U	J	M	V	W	Š	Y	H	E	U	A	F	F
I	F	J	B	W	M	J	P	G	L	Y	P	W	B	F

ZEMĚDĚLEC
ZVÍŘATA
JEČMEN
ÚL
JÍDLO
JEHNĚČÍ
OVOCE
STODOLA
SAD
MLÉKO

LAMA
KUKUŘICE
OVCE
PASTÝŘ
KACHNA
LOUKA
ZAVLAŽOVÁNÍ
TRAKTOR
PŠENICE
ZELENINA

3 - La Empresa

```
P R E Z E N T A C E M C Z T P
I N V E S T I C E Í K B A V R
T R E N D Y M V Ý N O S M O Ů
P Í F U H K S S P L R P Ě Ř M
Z F T E K T B A R Á K O S I Y
M S M U X O C J O N O D T V S
P A U A N N G V D O P N N Ý L
O O I O K D L K U I I Á M I
K T V S I E O W K S Y K N O N
I V I Ě M J B H T E E Á Í Ž O
A T A L S I Á Z Z F J N R N V
R W M L E T L G P O O Í H O A
E Z R C I J N M I R R C H S Č
P R N C J T Í D X P D H S T N
R I Z I K A A T P A Z X S O Í
```

KVALITA
TVOŘIVÝ
ROZHODNUTÍ
ZAMĚSTNÁNÍ
GLOBÁLNÍ
PRŮMYSL
VÝNOS
INOVAČNÍ
INVESTICE
PODNIKÁNÍ

MOŽNOST
PREZENTACE
PRODUKT
PROFESIONÁLNÍ
POKROK
ZDROJE
POVĚST
RIZIKA
TRENDY
JEDNOTKY

4 - Aviones

```
T P B S H A P A I L S A C V K
T Ř I E I R O T S I H T E Z O
G I L L A S S J M R Ě M S D N
D S R U H D Á P E H Z O T U S
Z T C T W P D L E Z F S U C T
X Á Z R T U K A U W A F J H R
W N N V A D A P U P V É Í H U
U Í R H V J N K I H Z R C D K
N E B E O H J R Š L U A Í E C
X P L I G E B X F Ý O S X S E
Y P A L I V O A P H V T J I M
S U R H V N Y R L O C A D G O
Y B Z J A A E M F Ó O E G N T
H L G V N V O D Í K N U G G O
D O B R O D R U Ž S T V Í M R
```

VZDUCH
VÝŠKA
PŘISTÁNÍ
ATMOSFÉRA
DOBRODRUŽSTVÍ
NEBE
PALIVO
KONSTRUKCE
SMĚR
DESIGN

BALÓN
VRTULE
VODÍK
HISTORIE
MOTOR
NAVIGOVAT
CESTUJÍCÍ
PILOT
POSÁDKA

5 - Tipos de Cabello

```
V D T E J U Z X I J R L Y B K
L T D O K U D R N A T Ý Z L R
N F D K R H I U W W V T D O Á
I J U C P B C K S X Z S R N T
T B O M K K Í H N C Y U A D K
Ý O P E V R F Ř N R U L V D Ý
Č E R N Á D E Š T Ě L T Ý L K
G N É G K F R D E S D F H O K
R Ř N K E N R T N O L Ý C U Ě
P L E Š A T Ý L K S E L U H M
S J T D W D S J Ý H H T S Ý Y
K B E R A H U A N F I C A V K
A Í L K H K D F C V H O O E X
L L P E F Z B F H O Z V D U S
P Ý S D W G A I T J R F M R I
```

BÍLÝ	ČERNÁ
LESKLÝ	VLNITÝ
SKALP	STŘÍBRO
PLEŠATÝ	KUDRNATÝ
KRÁTKÝ	KADEŘ
TENKÝ	BLOND
ŠEDÁ	ZDRAVÝ
TLUSTÝ	SUCHÝ
DLOUHÝ	MĚKKÝ
HNĚDÝ	PLETENÉ

6 - Ética

```
O L B M A C E A L Ý S V G G R
P V Í N T N E L O V E N E B L
T R D T I I H T B I R T H E I
I E I R R V C R H T O T O C D
M A P P G M N U N C Z S D N S
I L L Ě E I K I O U U O N A T
S I O L T L Y S X S M N O R V
M S M I N U S M H I N J T E O
U M A V I V T U Z H É O Y L V
S U T O I U T S O V I T C O P
B S I S R O Z U M N O S T T X
C X C T Z N N O Y K A Ů U C A
D Z K M O U D R O S T D C F G
S T Ý S P O L U P R Á C E H Y
F I L O Z O F I E R A J K H U
```

ALTRUISMUS
BENEVOLENTNÍ
SOUCIT
SPOLUPRÁCE
DŮSTOJNOST
DIPLOMATICKÝ
FILOZOFIE
POCTIVOST
LIDSTVO
INTEGRITA

OPTIMISMUS
TRPĚLIVOST
ROZUMNOST
ROZUMNÉ
REALISMUS
UCTIVÝ
MOUDROST
TOLERANCE
HODNOTY

7 - Ciencia Ficción

G	F	O	I	P	C	I	S	K	A	I	C	E	P	E
O	A	F	W	L	A	T	O	M	O	V	Ý	X	L	W
G	K	L	G	K	U	O	F	N	Í	U	J	T	A	N
Y	G	D	A	E	U	Z	Ň	U	N	M	L	R	N	N
K	I	N	O	X	P	Ý	E	B	R	Z	Y	É	E	R
H	W	L	E	R	I	N	H	S	Á	R	F	M	T	E
Y	H	I	N	K	R	E	O	T	N	S	X	N	A	A
T	E	C	H	N	O	L	O	G	I	E	V	Í	V	L
O	Z	E	C	I	Z	Á	S	A	G	C	Y	Ě	S	I
B	V	T	U	Y	B	D	P	U	A	N	U	U	T	S
O	W	Š	B	J	C	Z	Z	O	M	I	S	T	V	T
R	T	Ě	Ý	G	H	V	X	P	I	R	S	O	V	I
D	U	V	V	K	T	A	J	E	M	N	Ý	P	T	C
F	A	N	T	A	S	T	I	C	K	Ý	B	I	Y	K
F	U	T	U	R	I	S	T	I	C	K	Ý	E	K	Ý

ATOMOVÝ
KINO
VZDÁLENÝ
VÝBUCH
EXTRÉMNÍ
FANTASTICKÝ
OHEŇ
FUTURISTICKÝ
GALAXIE
ILUZE

IMAGINÁRNÍ
KNIHY
TAJEMNÝ
SVĚT
VĚŠTEC
PLANETA
REALISTICKÝ
ROBOTY
TECHNOLOGIE
UTOPIE

8 - Granja #1

```
A V C B V E L T D N Ň Ů K V L
E Z I V W X B H G Z U V O O P
Z E M Ě D Ě L S T V Í Y Č D L
I L A W Z E V P N H A F K A R
M E F W M T T P P W B J A A L
W Z U M A E A E L O P R L O Z
K O Z A N Á R V L N T Ý E S W
T U Z P A P R P D E M Ž Č E D
K R Á V A Ř C E W S K E V L E
P L O T N I N S K U Ř E B J U
F E P E E S I H N O J I V O F
V W V M M T L L I H U F D V E
J E Y U E Á M G E T J W M Y K
W S T A S T Z L X T F J L K C
F B G E I L V R W Y P R A O F
```

VČELA
ZEMĚDĚLSTVÍ
VODA
RÝŽE
OSEL
KŮŇ
KOZA
POLE
VRÁNA
HNOJIVO

KOČKA
SENO
MED
PES
KUŘE
SEMENA
TELE
PŘISTÁT
KRÁVA
PLOT

9 - Camping

```
C L E V M V Z H R D K G H D B
X N M W B E V O L O O E O P R
I F G A A I D R K B M A U Z K
L A N O T K N A Á R P E P Y A
A F I H J U L N N O A P A M B
P Ř Í R O D A R O D S K C H I
Í I S J B V D E E R E L Í X N
V N N T E K N C C U L O S B A
O H E Ň R Z N U M Ž N B Í B T
K B H Z E O E L V S I O T R A
H P J N Í R M R X T L U I O Ř
J R D I J Ř W Y O V V K X G Í
B K N S L H A T J Í R J C A V
Y M Ě S Í C B Z N D X G X C Z
D S C E E J X C E U K S Z N C
```

ZVÍŘATA	OHEŇ
DOBRODRUŽSTVÍ	HOUPACÍ SÍT
STROMY	HMYZ
LES	JEZERO
KOMPAS	LUCERNA
KABINA	MĚSÍC
KÁNOE	MAPA
LOV	HORA
LANO	PŘÍRODA
ZAŘÍZENÍ	KLOBOUK

10 - Fruta

```
N E K T A R I N K A B M O J B
O X A S V C B H N N Y A B V X
R Y T G A O D R Y Z G N O V O
T T W M U M A G O K S G B H E
I R R N G Y A V P S V O U R E
C G W B Z S O K O K K I L O W
O R A N Ž O V Ý M K I E E Z I
H P K O A J Á P A P Á W V E P
S O Ň E Š E Ř T L H S D I N D
V L U B A N Á N I J C W O D V
Z B R F S A N A N A K Š U R H
I V E U Y W K C A B V C D D E
S V M I J Y X L D L A F D X B
R L U V L H P A U K W U N T O
M U P J X Z C N U O L E M Z P
```

AVOKÁDO
MERUŇKA
BOBULE
TŘEŠEŇ
KOKOS
MALINA
GUAVA
KIWI
CITRON
MANGO

JABLKO
BROSKEV
MELOUN
ORANŽOVÝ
NEKTARINKA
PAPÁJA
HRUŠKA
ANANAS
BANÁN
HROZEN

11 - Geología

S	Z	E	M	Ě	T	Ř	E	S	E	N	Í	M	K	G
K	T	R	U	G	T	Z	I	E	Z	L	Y	I	R	E
T	O	A	V	Á	L	G	L	V	O	S	D	N	Y	J
E	S	R	L	F	S	F	I	R	R	X	K	E	S	Z
X	V	I	Á	A	W	I	S	S	E	X	O	R	T	Í
M	U	Z	R	L	K	S	O	T	K	C	N	Á	A	R
Ě	X	B	M	D	S	T	F	V	S	B	T	L	L	D
N	U	S	I	J	S	G	I	A	E	L	I	Y	Y	J
Y	T	I	M	G	A	L	A	T	S	K	N	R	J	L
K	K	A	P	L	O	Š	I	N	A	Ř	E	F	I	O
S	R	Á	B	F	G	X	C	K	K	E	N	I	A	P
E	C	T	M	X	Z	R	W	P	P	M	T	V	I	Z
J	S	Ů	L	E	A	V	H	T	O	E	A	P	G	W
B	Y	C	K	Í	N	P	Á	V	S	N	A	L	F	P
K	Y	S	E	L	I	N	A	J	Y	U	J	M	N	A

KYSELINA
VÁPNÍK
VRSTVA
JESKYNĚ
KONTINENT
KORÁL
KRYSTALY
KŘEMEN
EROZE
STALAKTIT

STALAGMITY
FOSILIE
GEJZÍR
LÁVA
PLOŠINA
MINERÁLY
KÁMEN
SŮL
ZEMĚTŘESENÍ
SOPKA

12 - Álgebra

F	R	M	Y	J	Í	V	T	S	Ž	O	N	M	R	C
D	A	O	F	I	P	G	Z	R	O	Z	T	Y	J	X
I	L	L	V	M	K	P	V	O	Č	Í	S	L	O	V
V	U	F	E	N	L	F	A	K	R	O	V	Á	Z	K
I	N	A	C	Š	I	N	S	K	K	E	M	O	L	Z
Z	G	K	I	A	N	C	P	P	K	O	C	J	P	N
E	R	T	T	H	X	Ý	E	J	K	P	L	I	R	A
V	K	O	A	S	U	F	M	U	D	Í	I	V	O	S
V	G	R	M	A	R	G	A	I	D	N	N	D	M	H
E	X	P	O	N	E	N	T	U	A	Á	E	Ř	Ě	K
Z	J	E	D	N	O	D	U	Š	I	T	Á	E	N	G
N	E	K	O	N	E	Č	N	Ý	M	Í	R	Š	N	P
C	I	P	N	M	E	N	P	P	M	Č	N	E	Á	M
F	P	R	O	B	L	É	M	A	S	D	Í	N	D	A
X	Z	V	B	E	Y	I	B	I	W	O	B	Í	U	F

MNOŽSTVÍ
NULA
DIAGRAM
DIVIZE
ROVNICE
EXPONENT
FAKTOR
FALEŠNÝ
VZOREC
ZLOMEK

NEKONEČNÝ
LINEÁRNÍ
MATICE
ČÍSLO
ZÁVORKA
PROBLÉM
ODČÍTÁNÍ
ZJEDNODUŠIT
ŘEŠENÍ
PROMĚNNÁ

13 - Plantas

```
M R Y U N X M F A Z O L E T L
N E F E N B O T A N I K A R E
R F C U I E R S D N W F M Á S
G W F H G K T I A R I T V V M
K A K T U S S L R I Z T T A N
F L Ó R A H B L H O J S Ě O Ř
B A M B U S Ř K A B B Ů R V E
H O O F C I E O Z Y O R K W K
N I H Y J K Č Ř E C K B X Z N
O I Z V Z M Ť E V T W D U N R
J P F N S F A N L T N Z L L N
I T K Y E C N U L S C F A I E
V V E G E T A C E I R R I W L
O Z I H H O K Y P Y Z N Z S Y
P A W C W G D Y I I Z P T G Y
```

KEŘ
STROM
BAMBUS
BOBULE
LES
BOTANIKA
KAKTUS
RŮST
HNOJIVO
KVĚTINA

FLÓRA
LIST
FAZOLE
BŘEČŤAN
TRÁVA
ZAHRADA
MECH
KOŘEN
SLUNCE
VEGETACE

14 - Suministros de Arte

L	Y	R	K	A	F	G	T	A	X	Z	J	R	T	A
V	E	L	D	I	Ž	E	M	N	Z	Z	E	P	T	K
T	V	P	W	B	F	E	Y	Z	I	Y	G	X	Á	V
S	U	O	I	M	K	I	C	D	C	M	U	S	R	A
O	E	Ž	D	D	B	A	R	V	Y	G	U	M	A	R
V	V	G	K	A	L	M	Í	B	L	X	N	A	P	E
I	Z	I	J	Y	Í	O	P	O	E	V	Á	L	A	L
Ř	O	L	E	J	J	P	A	N	T	B	P	A	O	Y
O	R	B	O	V	X	S	P	K	S	D	A	Y	T	N
V	X	H	S	E	Č	Á	T	R	A	K	D	Z	O	I
T	S	U	O	K	N	I	X	E	P	A	Y	T	F	I
Í	L	H	U	É	N	Ě	V	E	Ř	D	O	M	M	C
W	Ů	A	U	C	D	U	U	D	F	D	I	H	R	P
S	T	O	J	A	N	P	D	U	L	K	Y	K	K	H
I	S	V	E	M	M	P	L	H	I	N	U	V	X	Z

OLEJ
AKRYL
AKVARELY
VODA
JÍL
GUMA
STOJAN
DŘEVĚNÉ UHLÍ
FOTOAPARÁT
KARTÁČE

BARVY
TVOŘIVOST
NÁPADY
TUŽKY
STŮL
PAPÍR
PASTELY
LEPIDLO
ŽIDLE
INKOUST

15 - Negocio

```
J I X Z S U O T S P Z K T E P
K U T A L O B O M R B A R K T
M A Y U E A C V V O O R A O X
Ě W N D V D H Á I D Ž I N N T
N A Y C A H O R Z E Í É S O Z
A G W W E L D N P J F R A M A
B S D F B L K A X E Ě A K I M
P T W L U F Á Á C Z N G C E Ě
F I N A N C E Ř N G A Í E L S
S P O L E Č N O S T D H Z B T
D P O E C I T S E V N I T E N
T D I J Á R O Z P O Č E T Y A
P A X S R O G S C B O L J Z N
T X L W P M C O Z J V V N M E
Z A M Ě S T N A V A T E L B C
```

KARIÉRA
NÁKLADY
SLEVA
PENÍZE
EKONOMIE
ZAMĚSTNANEC
ZAMĚSTNAVATEL
SPOLEČNOST
TOVÁRNA
FINANCE

DANĚ
INVESTICE
ZBOŽÍ
MĚNA
KANCELÁŘ
ROZPOČET
OBCHOD
PRÁCE
TRANSAKCE
PRODEJ

16 - Jardín

```
X R Ž F T Ř E K Í N V Á R T Z
D M W Á E G G N V H A D I C E
L L D A R N F C N Ě B Á R H I
A Z I T A A R S V X T O L P H
V C N P S D G G A H W I A S O
I Z W E A N P L J D T K N S U
C N E C V A L O P A T A Í A P
E Z J P Á R F A K U E B L S A
J A M L R E C E W V N X O I C
V G F E T V J D J T N D P M Í
T E D V G G L S P Ů D A M I S
B N M E K R O T A G W X A U Í
P G X L Z L M R K H U W R V T
R Y B N Í K V O X R L N T O B
Z A H R A D A M M R H D J C W
```

KEŘ
STROM
LAVICE
TRÁVNÍK
RYBNÍK
KVĚTINA
GARÁŽ
HOUPACÍ SÍT
TRÁVA
SAD

ZAHRADA
PLEVEL
HADICE
LOPATA
VERANDA
HRÁBĚ
PŮDA
TERASA
TRAMPOLÍNA
PLOT

17 - Países #2

```
V P Z X B T G H A N C J X P Y
I K O K C E Ř I Z J J J R Z O
R L K R I A D Z L G M L E L J
E N S P T A I Á E X T U I U A
I U U Á G U R V N Á D Ú S U M
P Y O K A O G O T S S A É U A
O U K I D W F A Y E K Y N K J
I Z A S H O G R L Z C O O R K
T S R T J V I F A S F U D A A
E I L Á R T S U A N K D N J A
K H G N L A O S X E C O I I D
I R S K O K I X E M C I W N O
A L B Á N I E I R Ý S V E A U
J S R U S K O J A P O N S K O
Z H A C U G A N D A A O N I R
```

ALBÁNIE
AUSTRÁLIE
RAKOUSKO
DÁNSKO
ETIOPIE
FRANCIE
ŘECKO
INDONÉSIE
IRSKO
JAMAJKA
JAPONSKO
LAOS
MEXIKO
PÁKISTÁN
PORTUGALSKO
RUSKO
SÝRIE
SÚDÁN
UKRAJINA
UGANDA

18 - Números

```
Č R H I K X K W K D N R Z D D
T C Á N R T Č V N E U X U E O
Y T T Ř I N Á C T S L B A S T
Ř L C C L P U V H E A E R E L
I Ř T Š Á O A I W T N W A T A
B S Ě E M N S T E C A V D I D
J P V S K Z T M N U K O B N V
Y S E T P K N S N Á K J M N A
K E D Y Ě P F V E Á C N G Ý P
J D Y Y T M D N V Š C T N F V
G M J J D V A N Á C T T D K J
D N D E V A T E N Á C T S R Y
T Á V A R O D P R Z I S T R L
L C L I L O W R V I E E W S O
C T S I D W P E B O S M D E S
```

ČTRNÁCT　　　　　　DVANÁCT
NULA　　　　　　　DVA
PĚT　　　　　　　　DEVĚT
ČTYŘI　　　　　　　OSM
DESETINNÝ　　　　　PATNÁCT
DEVATENÁCT　　　　ŠEST
OSMNÁCT　　　　　SEDM
ŠESTNÁCT　　　　　TŘINÁCT
SEDMNÁCT　　　　　TŘI
DESET　　　　　　　DVACET

19 - Física

```
U C T M E C H D P Y Y K G C C
N X U H K T S O L H C Y R H R
I T F V U E A P Y W A S A E V
V S U M S I T E N G A M V M C
E O E Z X J O C V M T F I I H
R N L R N T T I Z O I R T C A
Z T E Y A Y S T O L V E A K O
Á O K C M Z U S R E I K C Ý S
L M T H M O H Á E K T V E N B
N H R L O Z T Č C U A E N R O
Í H O E Y N L O H L L N O E C
C Z N N A T O M R A E C V D P
W X Y Í C U B C T U R E A A Y
M E C H A N I K A J O L C J L
J H V O O A C C V J U O H F H
```

ZRYCHLENÍ
ATOM
CHAOS
HUSTOTA
ELEKTRON
VZOREC
FREKVENCE
PLYN
GRAVITACE
MAGNETISMUS

HMOTNOST
MECHANIKA
MOLEKULA
MOTOR
JADERNÝ
ČÁSTICE
CHEMICKÝ
RELATIVITA
UNIVERZÁLNÍ
RYCHLOST

20 - Belleza

Z	K	Ů	Ž	E	E	M	A	K	E	U	P	K	S	O
X	R	I	H	F	Y	L	I	E	Y	U	N	O	T	L
Z	C	C	E	Ř	B	M	E	T	L	P	Ů	U	Y	E
B	G	S	A	E	Ž	I	I	G	F	I	Ž	Z	L	J
P	B	U	K	D	U	G	R	L	A	U	K	L	I	E
K	A	J	I	A	L	J	T	F	O	N	Y	O	S	J
E	R	I	T	K	S	O	J	S	W	S	C	O	T	O
Z	V	Y	E	L	J	Z	P	R	E	J	T	E	A	O
Ř	A	T	M	Y	C	Š	A	M	P	O	N	R	H	R
A	R	K	S	L	D	V	M	M	I	K	N	D	Z	J
S	D	U	O	W	X	Z	G	H	C	I	R	R	Ě	P
E	Y	D	K	L	S	E	L	E	G	A	N	T	N	Í
N	F	O	T	O	G	E	N	I	C	K	Ý	V	Ů	X
K	D	R	E	P	H	E	N	J	H	K	P	Z	V	T
A	E	P	R	T	Ě	N	K	A	H	T	K	A	S	H

OLEJE
ŠAMPON
BARVA
KOSMETIKA
ELEGANCE
ELEGANTNÍ
KOUZLO
ZRCADLO
STYLISTA
FOTOGENICKÝ

VŮNĚ
MILOST
MAKEUP
KŮŽE
RTĚNKA
PRODUKTY
KADEŘ
ŘASENKA
SLUŽBY
NŮŽKY

21 - Países #1

```
E I V C Š T I B B S U S Y P H
K T X U P D D D E Y B I L O O
V Á N Y A L A L L Y S A Y L N
Á L L J N Y M N G D A L D S D
D I O L Ě Y A C I U L E V K U
O E S R L E N F E T Y U Z O R
R B T X S G A X I E N Z U G A
J G I J K Y P F D N G E T H S
M A L I O P H Z N L R N G Y A
D R W W N T W M I C P E X R D
B R A Z Í L I E H X U V X N A
M A R O K O N O R S K O B Y N
F I L I P Í N Y B U G E G E A
N Ě M E C K O H H V F N C U K
N I K A R A G U A D R V T F H
```

NĚMECKO
ARGENTINA
BELGIE
BRAZÍLIE
KANADA
EKVÁDOR
EGYPT
ŠPANĚLSKO
FILIPÍNY
HONDURAS

INDIE
ITÁLIE
LIBYE
MALI
MAROKO
NIKARAGUA
NORSKO
PANAMA
POLSKO
VENEZUELA

22 - Mitología

```
K A T A S T R O F A B T P H N
H C G S I J N P E E X S Ř N E
K R Y N P V M V G A F Y E E B
H U O T S O V I L R Á Ž S S E
F R L M S T V O Ř E N Í V M S
A B D T C E D W Y Š V N Ě R Y
T W N I U Z C S A Í Y Á D T B
S Í L A N R S M R Ř T V Č E O
M G P J M A A R C P V O E L J
O O O N D J V T H B O H N N O
P D Y F W A P E E L Ř C Í O V
X E D L U T M L T E E F X S N
L E G E N D A N Y S N K R T Í
Z H M C U K F Ý P K Í S G S K
X L C E I L A B Y R I N T B R
```

ARCHETYP
ŽÁRLIVOST
NEBE
CHOVÁNÍ
VYTVOŘENÍ
PŘESVĚDČENÍ
STVOŘENÍ
KULTURA
KATASTROFA
SÍLA

BOJOVNÍK
HRDINA
NESMRTELNOST
LABYRINT
LEGENDA
PŘÍŠERA
SMRTELNÝ
BLESK
HROM
POMSTA

23 - Ecología

```
M W N S G L S H M I A R J T X
R N T U L O H U E D D M B C V
G N M E O W A R C Y D T M D D
L U T V B Y Z D A H L Y M G E
Z U V M Á G D Y T Ý O T I P M
H D S E L B T W E K L I M A F
F A R R N P E O G S G N I N L
B N M O Í C Ř C E Ř Y U I U Ó
H O R Y J C I Í V O M M P A R
H B T W T E M A R M A O B F A
P Ř E Ž I T Í D J O A K T M M
P Ř Í R O D A Ů V A D V H H T
Ý N L E T I Ž R D U K N L N B
C G Y E A C V D Z C V F Í X S
F X X I E D M O Č Á L A I L T
```

KLIMA
KOMUNITY
DRUH
FAUNA
FLÓRA
GLOBÁLNÍ
MOŘSKÝ
HORY
PŘÍRODNÍ

PŘÍRODA
MOČÁL
ZDROJE
SUCHO
UDRŽITELNÝ
PŘEŽITÍ
ODRŮDA
VEGETACE

24 - Casa

```
S Z E C B W K S D M V L L A K
Z R V B T B H Ě T Š O K A C U
P A N V O H I N K Ř B M M N C
O H H W L H X I C F E V P I H
D C S R P Z I I G B M C A M Y
L R E T A S U T E R É N H K N
A P A O L D A C R Z Z T V A Ě
H S F F F C A A E Ř E V D Z K
A Y O R R Z Í V O R K D O P O
S K M N K K F B G U E S N O H
S T Ě N A F Y C A O O B K R O
R L O Ž N I C E R Y E R O Z U
F S A M H N I R Á F N K D K T
Z V V E W J K W Ž T T P Z Y E
W P W Z N I F G E W C Y M I K
```

KOBEREC
PODKROVÍ
KNIHOVNA
KRB
KUCHYNĚ
LOŽNICE
SPRCHA
KOŠTĚ
ZRCADLO
GARÁŽ

KOHOUTEK
ZAHRADA
LAMPA
STĚNA
PODLAHA
DVEŘE
SUTERÉN
STŘECHA
PLOT
OKNO

25 - Salud y Bienestar #2

```
N T H U N X Z E O A K H P D L
E I G R E L A H M O T N O S T
Í N E V Á R T I N F E K C E P
K S E E O P W L T L P R N J P
Í O L R P F Y C O K Z P N R N
N H N K G X P M J W I O I G H
E E Z L I I G A V Ý Ž I V A Y
V C M Z A V E S C S S A K K G
A I V O D S X Á H T T N A I I
T N I Y C R G Ž U R R A L T E
O C T X A C A U Ť E A T O E N
Z O A D Z V V V E S V O R N A
O M M V W G Y G Ý Z A M I E C
A E Í B R Z W V B B N I E G S
H N N P F M O J Y S B E J V C
```

ALERGIE
ANATOMIE
CHUŤ
KALORIE
STRAVA
TRÁVENÍ
ENERGIE
NEMOC
STRES
GENETIKA

HYGIENA
NEMOCNICE
INFEKCE
MASÁŽ
VÝŽIVA
HMOTNOST
ZOTAVENÍ
ZDRAVÝ
KREV
VITAMÍN

26 - Selva Tropical

```
A Y V Y K A R M I Z U P I I Z
S D A S L K P J R R C T Y N M
W P C B I T O P F H H Á L W P
V Z O V M G K V Ř D W C M C P
B A E L A R J S X Í V I W E U
O C E Z E K N O G W R K K N C
T H S Y K Č O F L S E O U N Z
A O A M Í N E V O N B O D Ý M
N V V H E F Í N D O V Ů P A S
I Á C D E C H Y S O Ú C T A K
C N I A Y D H V Í T I Ž E Ř P
K Í Ú T O Č I Š T Ě V D R U H
Ý D Ž U N G L E V V F Í G S R
B W O V R O Z M A N I T O S T
O B O J Ž I V E L N Í C I J A
```

OBOJŽIVELNÍCI
BOTANICKÝ
KLIMA
SPOLEČENSTVÍ
ROZMANITOST
DRUH
PŮVODNÍ
HMYZ
SAVCI
MECH

PŘÍRODA
MRAKY
PTÁCI
ZACHOVÁNÍ
ÚTOČIŠTĚ
ÚCTA
OBNOVENÍ
DŽUNGLE
PŘEŽITÍ
CENNÝ

27 - Adjetivos #1

```
U A H S S X V A Í N V I T K A
P X R Z I R E Ý N M E T O Š T
Ř U J O V R L B R V C B B T R
Í U S T M B K O E I M H R Ě A
M F A J V A Ý Ý D A L M O D K
N V Á Ž N Ý T E O A Y H V R T
Ý L A M O P D I M H J Y S Ý I
N T B Z Ý P C A C A T B K F V
S U I U N N G Z J K S W Ý R N
A P P Ž N E P I F G Ý W E D Í
J E L H E P E R F E K T N Í W
N X W K C L A B S O L U T N Í
I Y Y O K B Ů T Ě Ž K Ý D I E
N E V I N N Ý D S P L V T Z P
A M B I C I Ó Z N Í O L O P Y
```

ABSOLUTNÍ
AKTIVNÍ
AMBICIÓZNÍ
AROMATICKÝ
ATRAKTIVNÍ
JASNÝ
OBROVSKÝ
ŠTĚDRÝ
VELKÝ
UPŘÍMNÝ
DŮLEŽITÝ
NEVINNÝ
MLADÝ
POMALÝ
MODERNÍ
TEMNÝ
PERFEKTNÍ
TĚŽKÝ
VÁŽNÝ
CENNÝ

28 - Familia

```
O M N S U Z H K M F Z B D M S
X A R L E S F G S O Z K Ě A T
I T Ě D E S L D Ě T Í D D T R
X K U N V Ž T Y C E D V E E Ý
M A H W M P N R F C L R Č Ř C
M A N Ž E L K A A K F G E S A
C U E K A Z M V M T U U K K L
D W E C E N A R T A R B B Ý R
T O U J E K C B R A T R A N R
D Ě T S T V Í M H R P R B D R
W N E T E Ř O N A E Ř W I R V
P M H F F M C N T C E L Č G L
T E T A C P H T Y D D P K Z I
K W A N J J N P C S E U A T N
U L P J F I S R G C K C R F Y
```

BABIČKA
DĚDEČEK
PŘEDEK
MANŽELKA
SESTRA
BRATR
DCERA
DĚTSTVÍ
MATKA
MANŽEL

MATEŘSKÝ
VNUK
DÍTĚ
DĚTI
OTEC
BRATRANEC
NETEŘ
SYNOVEC
TETA
STRÝC

29 - Disciplinas Científicas

```
Z G M U P C H E M I E Z H H I
F O R R F S B O T A N I K A M
O T O J X V Y L G E E C T E U
E N O L J Z K C P I I L R I N
J Z R I O D B E H G G E J M O
S A Z D J G R B N O O I I E L
O K Z M J E I B W L L G E H O
C I M Y D I B E P A O O I C G
I N T U K M H M B R E L G O I
O A E I G O L O K E G O O I E
L H C R K T V H O N I I L B E
O C S D W A U Ě Y I L Z O B T
G E L U A N T S D M J Y I E K
I M A T K A A U U A N F B O N
E T A S T R O N O M I E N Y P
```

ANATOMIE
ASTRONOMIE
BIOLOGIE
BIOCHEMIE
BOTANIKA
EKOLOGIE
FYZIOLOGIE
GEOLOGIE

IMUNOLOGIE
JAZYKOVĚDA
MECHANIKA
MINERALOGIE
PSYCHOLOGIE
CHEMIE
SOCIOLOGIE
ZOOLOGIE

30 - Cocina

```
K A B U O R T M G A A N W N N
Á O D J B Y A J Í S T L M O U
Z F N C H R A R Ě T S Á Z Ž H
A N H V U V O M E C Í Ž L E E
R J D N I W M U A C Z D S M V
M A Ž B G C Z W S G E Y Y I I
A I B Y L I E F Í E A P W N D
V U Á E O P Y N M C K T T A L
B Í N E Ř O K U E I Č A A B I
H O U B A T A G T N I I U Ě Č
L H F E Y J K R U E N C U R K
K Z D H S W T I O L D Í J A Y
T Y Č I N K Y L X K E C T Č W
R M U T V B Y C A S L W K K R
D B E T X E N P L K B K F A K
```

KONVICE
JÍST
JÍDLO
MRAZÁK
LŽÍCE
NABĚRAČKA
NOŽE
ZÁSTĚRA
KOŘENÍ
HOUBA

TROUBA
DŽBÁN
TYČINKY
GRIL
RECEPT
LEDNIČKA
UBROUSEK
SKLENICE
MÍSA
VIDLIČKY

31 - Salud y Bienestar #1

```
A K T I V N Í B I V Z V S O N
M É K N Z W N X A T Ý N R H E
X L Y Z G Z X C N K I Š U F R
R R G K A B M T R B T I K I V
X T V J K W N G Á V X E G A Y
A R S J I K E J K W S U R I V
N V I A N Y Z S É G B C H I O
T I J S I N M Y L A V S R T E
E Z M Z L O M E N I N A E S L
R Z V J K M R G G P T B L O É
A N E Y X R K Ů Ž E F Č A K K
P A W A K O H W R I É X E A
I W A X R H L Z W O G L A E Ř
E J U K C I A V T E U W C T T
R E F L E X D T U J D C E J B
```

AKTIVNÍ
VÝŠKA
BAKTERIE
KLINIKA
LÉKAŘ
LÉKÁRNA
ZLOMENINA
HLAD
ZVYK
HORMONY
KOSTI
LÉK
SVALY
NERVY
KŮŽE
REFLEX
RELAXACE
TERAPIE
LÉČBA
VIRUS

32 - Adjetivos #2

```
O K Y D H C V Z S L A N Ý P V
E D N O A K W D K E V Z V Ř Ý
C E P N I I J R K K F J T Í R
O S I O S A X A A N U D S R O
U R E N V L Y V G D O G R O B
R J I O Ě A Ý H C U S E D N
O E N R X T D V K F K P Č N Í
A D E M C Z D N N Z G Ý D Í M
O L K Á A Y M L Ý Ý R V M Ý P
H Ý N L I S B C P O P I S N Ý
N R Í N T N A K I P U Ř W E H
F V D Í L N O V Ý W C O A V X
K X T Ý V A M Í J A Z V U A C
D R A M A T I C K Ý M T D N L
G A A E L E G A N T N Í K U C
```

UNAVENÝ
JEDLÝ
TVOŘIVÝ
POPISNÝ
DRAMATICKÝ
ELEGANTNÍ
SLAVNÝ
ČERSTVÝ
SILNÝ
ZAJÍMAVÝ

PŘÍRODNÍ
NORMÁLNÍ
NOVÝ
HRDÝ
PIKANTNÍ
VÝROBNÍ
ODPOVĚDNÝ
SLANÝ
ZDRAVÝ
SUCHÝ

33 - Cuerpo Humano

Ú	E	D	A	I	F	O	A	X	S	X	B	F	K	E
R	S	F	K	I	R	C	T	S	M	G	G	O	F	U
U	A	T	U	S	A	I	G	L	J	J	G	O	F	T
G	J	M	A	H	O	N	B	R	A	D	A	M	A	M
E	A	T	E	K	O	L	Ř	Á	V	T	V	Y	L	A
O	Z	E	C	N	K	Y	K	I	A	X	W	G	V	J
A	Y	A	D	E	O	V	W	X	L	L	A	Y	R	T
V	K	U	R	L	R	M	E	E	H	Y	B	I	P	J
U	R	S	S	E	R	K	Z	K	O	T	N	Í	K	C
J	K	E	Z	O	M	X	H	C	F	T	B	T	A	O
D	I	A	T	F	N	I	S	K	H	F	D	D	M	C
H	Z	P	V	S	Z	O	N	E	L	O	K	U	L	R
V	E	R	K	P	A	H	S	Ž	Y	V	L	E	B	O
B	T	S	E	M	F	C	A	Ů	R	U	K	A	P	D
G	P	T	U	N	R	U	J	K	U	K	H	I	F	E

BRADA
ÚSTA
HLAVA
TVÁŘ
MOZEK
LOKET
SRDCE
KRK
PRST
RAMENO

JAZYK
RUKA
NOS
OKO
UCHO
KŮŽE
NOHA
KOLENO
KREV
KOTNÍK

34 - Calentamiento Global

R	E	C	A	R	E	N	E	G	V	Ě	D	E	C	E
B	C	T	M	R	J	H	O	E	E	F	B	Z	T	U
O	M	Z	J	T	K	K	A	N	W	N	M	C	Y	G
Y	T	O	L	P	E	T	L	X	G	P	W	E	K	F
P	R	Ů	M	Y	S	L	I	I	W	S	Y	A	D	Y
H	Z	Y	R	I	S	R	E	C	M	N	N	G	E	V
D	J	O	T	Y	N	J	H	V	K	A	D	Á	L	V
G	A	Z	X	J	D	L	X	M	Z	Ý	D	K	S	V
Z	B	T	S	O	N	C	U	O	D	U	B	R	Ů	Ý
E	O	Z	A	V	A	T	P	L	Y	N	L	I	D	Z
B	E	L	X	Z	A	V	S	K	H	S	B	Z	I	N
P	B	H	F	O	G	Z	W	D	J	X	E	E	E	A
Ď	D	L	H	R	P	O	Z	O	R	N	O	S	T	M
E	N	E	R	G	I	E	C	A	L	U	P	O	P	N
T	M	E	Z	I	N	Á	R	O	D	N	Í	U	B	Ý

TEĎ
POZORNOST
ARKTICKÝ
VĚDEC
KLIMA
DŮSLEDKY
KRIZE
DATA
ROZVOJ
ENERGIE

BUDOUCNOST
PLYN
GENERACE
VLÁDA
PRŮMYSL
MEZINÁRODNÍ
POPULACE
VÝZNAMNÝ
TEPLOTY

35 - Ciencia

```
F X T R M L A B O R A T O Ř R
Y L S E F I V Ý V O J V M F T
Z L O T O T N E M I R E P X E
I R N I S A Y E M E T O D A C
K Y Č I I M T O R X M R L R A
A M E M L K J S D Á D D H P T
D R T C I I C T L K L W J Ř I
Y L U K E L O M O T A Y X Í V
U Z K T C R O S T L I N Y R A
V Y S V I C H E M I C K Ý O R
T D O M T Z W D A T A X K D G
W F E T S B U O Z M S M V A A
W Z W G Á G M B C H I C V G E
P H A N Č V Ě D E C N L K R Y
H Y P O T É Z A T Y V P K W O
```

ATOM
VĚDEC
KLIMA
DATA
VÝVOJ
EXPERIMENT
FYZIKA
FOSILIE
GRAVITACE
SKUTEČNOST
HYPOTÉZA
LABORATOŘ
METODA
MINERÁLY
MOLEKULY
PŘÍRODA
ČÁSTICE
ROSTLINY
CHEMICKÝ

36 - Restaurante #2

```
S M U M A K Č I L D I V N Ž A
V A D Ě B O Y T W J I A Á I F
H E L A Y Ř N R X U D M P D E
S C J Á R E C O V O S P O L C
P Í Y C T N V D E H Ů H J E L
Ř Ž O M E Í E D L R L V O D A
E L H T D B Č M I S E S A V E
D F B N L B E C L V J H H N Č
K J Z Y B N Ř K B A Y N L L Í
R A X B P L E Y J K H W W M Š
M Z E L E N I N A V O O N P N
A P A D Z C Z D W É Z X D X Í
Z L K I J S L E D L U Z R N K
Y S G P K Y W H H O T S P M É
Y K A F G J J D A P E H O J T
```

VODA
OBĚD
PŘEDKRM
NÁPOJ
ČÍŠNÍK
VEČEŘE
LŽÍCE
LAHODNÉ
SALÁT
KOŘENÍ

OVOCE
LED
VEJCE
DORT
RYBA
SŮL
ŽIDLE
POLÉVKA
VIDLIČKA
ZELENINA

37 - Profesiones #1

```
B R F É N E R T H W V B H P
L F W S Z G K D O B F S A U S
O S G E R E Í L I B C K N D Y
L P C N X O N F E T C Z K E C
X O E X B L Č X D N O A É B H
Z X V G Y O E I S C O R Ř N O
K G O E S G N V B D U T Á Í L
R O T J C Ř A K É L N S N K O
P N R U T O T Y M A M E I Í G
X E O A S T R O N O M S R K K
L T P P I A N I S T A R E G V
Č I S A H I N S T A L A T É R
C L F A D V O K Á T Z D E F C
K A R T O G R A F H B T V D E
V E L V Y S L A N E C T I N I
```

ADVOKÁT
ASTRONOM
SPORTOVEC
TANEČNÍK
BANKÉŘ
HASIČ
KARTOGRAF
LOVEC
LÉKAŘ
EDITOR
VELVYSLANEC
SESTRA
TRENÉR
INSTALATÉR
GEOLOG
KLENOTNÍK
HUDEBNÍK
PIANISTA
PSYCHOLOG
VETERINÁŘ

38 - Vehículos

```
G Y X T Y G A K T R A J E K T
V Z Y S W G D U A V K P E H C
N Á K L A Ď Á K T R O T O M F
N D Í E G K F G M O A X P V K
J O N T L I R W R Y V V Z O J
Í D L L O Ď O O A T E K A R N
Z Á U V A K T I N A S A C N E
D V T L Z A K R N O H K U R A
N K R A G S A S S X P H D K M
Í A V K P F R A U T O B U S G
K H S Y K I T A M U E N P W G
O F O Y G X L E T A D L O B N
L M L O I A L M E T R O J S S
O B G C B T E K Z C L X S B Y
T I Z C M K C L P S X U L V X
```

SANITKA
AUTOBUS
LETADLO
VOR
LOĎ
JÍZDNÍ KOLO
NÁKLAĎÁK
KARAVANA
AUTO
RAKETA

TRAJEKT
DODÁVKA
VRTULNÍK
METRO
MOTOR
PNEUMATIKY
PONORKA
TAXI
TRAKTOR
VLAK

39 - Geometría

J	X	R	Z	W	Y	L	O	G	I	K	A	A	M	W
X	T	S	O	N	T	O	M	H	K	I	K	E	D	G
V	V	S	Ý	V	V	E	R	T	I	K	Á	L	N	Í
Ý	Ý	C	N	T	N	W	N	D	P	O	V	R	C	H
P	Š	N	Ž	I	D	I	G	V	S	L	H	H	Y	P
O	K	T	Ě	I	T	K	C	A	S	U	S	S	I	V
Č	A	P	B	U	H	U	S	E	E	Č	Í	S	L	O
E	I	R	O	E	T	X	E	B	G	U	R	C	E	R
T	K	J	N	M	S	U	X	T	M	N	Y	D	H	M
K	P	M	V	L	Ě	G	W	K	E	H	U	S	Ú	E
D	Ř	B	O	L	M	R	E	Z	N	E	M	I	D	D
C	Y	I	R	L	W	E	I	R	T	E	M	Y	S	I
R	M	E	V	P	R	Ů	M	Ě	R	G	G	M	A	Á
G	A	O	B	K	M	T	H	K	F	N	F	C	I	N
X	S	G	Y	J	A	O	Z	X	X	J	M	G	P	W

VÝŠKA
ÚHEL
VÝPOČET
KŘIVKA
PRŮMĚR
DIMENZE
ROVNICE
LOGIKA
HMOTNOST

MEDIÁN
ČÍSLO
ROVNOBĚŽNÝ
POMĚR
SEGMENT
SYMETRIE
POVRCH
TEORIE
VERTIKÁLNÍ

40 - Vacaciones #2

```
M C O B T D J D C D A I E T W
A I X A T E L M E H R E V H K
P Z K L X S O U S Y W W H A X
A I E C Ě T Š I T E L N J J K
D N C U U I T A O W N B G Z A
O E A X A N W L V C T P L Á Ž
P C V V D A A N N A T S L N V
R N R Í M C P M Í U D O T E O
A P E Z Y E B Y P Z R B B L L
V S Z U T B T K A L V H F O N
A O E M K B U T S C H B X V Ý
M W R V L J U O N R E O P O Č
O H L T S G M F E A C S T D A
Ř Y R E S T A U R A C E T E S
E I N M B O O G T A T F D A L
```

LETIŠTĚ
STAN
DESTINACE
CIZINEC
FOTKY
HOTEL
OSTROV
MAPA
MOŘE
VOLNÝ ČAS

CESTOVNÍ PAS
PLÁŽ
REZERVACE
RESTAURACE
TAXI
DOPRAVA
VLAK
DOVOLENÁ
CESTA
VÍZUM

41 - Matemáticas

T	E	C	W	V	L	U	P	B	T	O	W	V	U	J
O	R	W	S	Ý	M	L	O	K	U	B	M	H	F	J
N	B	O	N	B	L	Z	L	Ý	S	D	O	V	B	O
C	R	J	J	X	Y	Y	O	N	V	É	Ý	E	Z	N
L	G	M	E	Ú	L	A	M	Ž	T	L	K	V	W	H
Z	I	P	W	M	H	W	Ě	Ě	W	N	C	L	M	N
L	H	E	L	H	Ú	E	R	B	W	Í	I	Í	R	B
O	K	P	N	O	G	Y	L	O	P	K	T	T	D	W
M	K	O	U	L	E	Ý	N	N	I	T	E	S	E	D
E	I	R	T	E	M	Y	S	V	Í	O	M	Ě	C	H
K	C	J	X	T	R	L	Y	O	C	K	T	M	I	E
E	X	P	O	N	E	N	T	R	Y	Z	I	Á	N	J
D	K	Í	N	Ž	Ě	B	O	N	V	O	R	N	V	M
G	E	O	M	E	T	R	I	E	P	C	A	Z	O	S
P	R	Ů	M	Ě	R	K	I	Y	F	W	D	A	R	R

ARITMETICKÝ
ÚHLY
OBVOD
NÁMĚSTÍ
DESETINNÝ
PRŮMĚR
ROVNICE
KOULE
EXPONENT
ZLOMEK

GEOMETRIE
ROVNOBĚŽNÝ
ROVNOBĚŽNÍK
KOLMÝ
POLYGON
POLOMĚR
OBDÉLNÍK
SYMETRIE
TROJÚHELNÍK
OBJEM

42 - Restaurante #1

```
M Y J N K Z J W U G S O T N M
F Ž F J K Á B Y B N G T A R C
I Ů R T K M V M R J E L L F P
Ě N Y H C U K A O S A M Í N D
B O Y J E D Ř G U Z S V Ř D F
A M V I R T S E S W Í J Í S T
L Á R J E B Y K E D M R N N R
E Č P Í N D A L K O P R T Y E
R K I O Y A A C P L O A N G Z
G A G D I F Z H W D P Z A V E
I J G K K T U V C Í J N K J D
E C I N Š Í Č S R J I K I N P
C H L É B I T F J I W Y P W S
I N G R E D I E N C E S H N T
S T R E Z E R V A C E Y M U P
```

ALERGIE
KÁVA
POKLADNÍ
ČÍŠNICE
MASO
KUCHYNĚ
JÍST
JÍDLO
NŮŽ
INGREDIENCE

MENU
CHLÉB
PIKANTNÍ
TALÍŘ
KUŘE
DEZERT
REZERVACE
OMÁČKA
UBROUSEK
MÍSA

43 - Profesiones #2

```
D E T E K T I V C V F U N G A
V K N I H O V N Í K O W O B S
V Y K Í N D A R H A Z Y V W T
Y Ý N Y M G M E C T O L I P R
L R Z Á Y W W U K H L V N N O
B V A K L E W R N N I K Á O N
N E X L U E A O J V F R Ř B A
U P I Z G M Z W U Ř A B U Z U
U Č I T E L N C F Í R Z E R T
I N Ž E N Ý R Í E L G O X O G
B I O L O G D K K A O O O U V
L É K A Ř H X N B M T L C V E
I L U S T R Á T O R O O E C G
W C F Y H I B S R T F G S L V
L I N G V I S T A M E L V R D
```

ASTRONAUT
KNIHOVNÍK
BIOLOG
CHIRURG
ZUBAŘ
DETEKTIV
FILOZOF
FOTOGRAF
ILUSTRÁTOR
INŽENÝR

VYNÁLEZCE
VÝZKUMNÍK
ZAHRADNÍK
LINGVISTA
LÉKAŘ
NOVINÁŘ
PILOT
MALÍŘ
UČITEL
ZOOLOG

44 - Senderismo

```
A P B W T A V A R P Í Ř P P W
V C Ř N I W D M B R N M V A V
K Y A Í B T C I M Ů Á S W R Z
H I T Y R M N L H V V U O K V
O T Y C R O O K O O O M S Y Í
F R Ú T E S D H R D P M R N Ř
R M I G O Z Ý A A C M I M E A
B T P E A B N H M E E T O M T
D K S C N C E S A H K D B A A
P X F N Y T V P P W J G E K E
X D P U T R A V A Y V N E J A
O Y J L Ě K N C F X O B M H W
X Z Z S Ž M U O E S D C H Y Z
S D G Ý K O V I D T A T X A O
F G I M Ý K O M Á Ř I J D M D
```

ÚTES
VODA
ZVÍŘATA
BOTY
KEMPOVÁNÍ
UNAVENÝ
KLIMA
SUMMIT
PRŮVODCE
MAPA

HORA
KOMÁŘI
PŘÍRODA
ORIENTACE
PARKY
TĚŽKÝ
KAMENY
PŘÍPRAVA
DIVOKÝ
SLUNCE

45 - Naturaleza

X	D	I	V	O	K	Ý	M	W	A	B	P	T	U	C
W	A	V	F	M	H	J	U	K	B	U	N	L	K	N
K	D	Z	M	G	A	J	N	L	I	H	S	M	S	I
S	I	C	Z	L	V	W	I	W	K	S	K	P	N	D
T	Z	P	O	U	Š	Ť	S	V	Y	X	A	F	Z	Y
Y	Ř	G	X	C	I	H	Ě	Z	D	Y	H	V	V	N
C	E	V	O	D	E	L	Ý	N	D	I	L	K	Í	A
Y	K	Z	P	F	V	B	G	V	Y	J	M	Y	Ř	M
E	A	K	O	Ě	T	Š	I	Č	O	T	Ú	B	A	I
D	V	R	Y	R	O	H	X	E	C	W	A	N	T	C
K	R	Á	S	A	E	R	E	L	P	H	L	V	A	K
A	R	K	T	I	C	K	Ý	Y	K	A	R	M	S	Ý
T	R	O	P	I	C	K	Ý	L	I	S	T	M	E	G
V	I	T	Á	L	N	Í	M	Y	I	N	L	P	L	N
N	F	G	U	R	E	S	J	B	B	N	F	P	G	H

VČELY
ZVÍŘATA
ARKTICKÝ
KRÁSA
LES
POUŠŤ
DYNAMICKÝ
EROZE
LIST
LEDOVEC

HORY
MLHA
MRAKY
ÚTOČIŠTĚ
ŘEKA
DIVOKÝ
SVATYNĚ
KLIDNÝ
TROPICKÝ
VITÁLNÍ

46 - Conduciendo

R	Y	C	H	L	O	S	T	N	C	B	N	M	H	M
W	S	P	C	M	J	I	E	G	G	N	E	P	R	O
P	O	L	I	C	I	E	R	T	E	T	B	A	L	T
U	B	F	C	B	R	T	Y	A	C	Y	E	L	Z	O
H	T	U	A	V	A	R	P	O	D	T	Z	I	O	R
N	Z	T	U	S	O	W	K	L	W	S	P	V	V	O
A	E	U	L	I	C	E	X	E	Y	O	E	O	O	U
P	U	H	Z	N	K	C	P	N	D	N	Č	V	R	K
A	F	T	O	C	Á	N	P	U	Z	Č	Í	F	P	U
M	A	O	O	D	Ď	E	I	T	R	E	O	K	Ě	E
W	E	M	C	Y	A	C	D	T	B	P	Z	P	Š	B
B	G	I	R	U	L	I	P	X	D	Z	X	A	Í	J
N	W	H	K	N	K	L	E	W	Z	E	D	H	T	P
U	T	D	T	Ž	Á	R	A	G	R	B	E	X	M	Y
F	R	M	H	I	N	M	O	T	O	C	Y	K	L	S

NEHODA
ULICE
NÁKLAĎÁK
AUTO
PALIVO
BRZDY
GARÁŽ
PLYN
LICENCE
MAPA

MOTOCYKL
MOTOR
PĚŠÍ
NEBEZPEČÍ
POLICIE
BEZPEČNOST
DOPRAVA
PROVOZ
TUNEL
RYCHLOST

47 - Ballet

```
G U M O Ý A H D I N B Y N I C
B E T C V K I O N G B T T N H
A T S E E Š C V U Y W N E T O
L K F T F U Í E C K E L W E R
E W U R O O N D L P G Y N N E
R D P L J K Č N E Ě V T F Z O
Í N O J L Z E O T H M S I I G
N V O X H T N S A N P U R T R
A E V M W S A T D K L Z Y A A
O R C H E S T R A P Y R T O F
S V A L Y I G C L R S F M U I
P U B L I K U M K A B D U H E
T E C H N I K A S X Y M S A P
R M I G C X Z K S E L T O P C
E X P R E S I V N Í A P H K A
```

POTLESK
UMĚLECKÝ
PUBLIKUM
BALERÍNA
TANEČNÍCI
SKLADATEL
CHOREOGRAFIE
ZKOUŠKA
STYL
EXPRESIVNÍ

GESTO
DOVEDNOST
INTENZITA
LEKCE
SVALY
HUDBA
ORCHESTR
PRAXE
RYTMUS
TECHNIKA

48 - Fuerza y Gravedad

```
N R D N Z U Y X I F O K O P S
W Y M C S C U H S Y B W T S O
V E L I K O S T U Z Í A N F A
C F B E A U V S M I H K Ý Y P
K E Í M L V K O S K A I K U L
V Z N J T P Z N I A T N C T A
Z N L T Y H W T T W Č A I B N
D A Á B R Z N O E X R H M S E
Á P Z T U U V M N W P C A K T
L X R N S U M H G T Ř E N Í Y
E E E V N D O P A D V M Y W S
N E V E J B O V M U L S D Z V
O J I T S O N T S A L V Z T P
S I N R Y C H L O S T O D M V
T E U P O Z L P K E U Z S J F
```

CENTRUM
OBJEV
DYNAMICKÝ
VZDÁLENOST
OSA
EXPANZE
FYZIKA
TŘENÍ
DOPAD
MAGNETISMUS

VELIKOST
MECHANIKA
OBÍHAT
HMOTNOST
PLANETY
TLAK
VLASTNOSTI
ČAS
UNIVERZÁLNÍ
RYCHLOST

49 - Aventura

```
V S W O B T Í Ž N O S T Z X L
C Ý T H N T P W A H K K Z W H
R N L A B C N E O B V Y K L Ý
A Č M E T E I T I N E R Á Ř V
D E R H T E Z C V L C U J P O
O P Z A H F Č P B E N N S Ř N
S Z A S Á R K N E K A B Y Á A
T E V B S X A B O Č Š O M T V
C B A P A I T A E S N S Y E I
E E R Y M J I P R R T O C L G
S N P Ř E K V A P I V Ý S É A
T S Í Z D X I O S N N J M T C
U Y Ř W T N T N A D Š E N Í E
J K P T P U K P Ř Í R O D A O
E P F L E C A N I T S E D H J
```

AKTIVITA
RADOST
PŘÁTELÉ
KRÁSA
DESTINACE
OBTÍŽNOST
NADŠENÍ
VÝLET
NEOBVYKLÝ
ITINERÁŘ

PŘÍRODA
NAVIGACE
NOVÝ
ŠANCE
NEBEZPEČNÝ
PŘÍPRAVA
BEZPEČNOST
PŘEKVAPIVÝ
STATEČNOST
CESTUJE

50 - Pájaros

```
T M R A A T Y Z J N E O E B H
Ť U B A L L K Á Ň E M A L P U
N U Č W T U K A N N S F L Á S
C G L Ň K U K A Č K A T A Č A
B R N Z Á W T E N F L O Ř W E
P A B B V K V R A B E C F Á M
P S W D K E X R V T L X U H B
Š B D K E C A R N H O L U B N
T Y Z U Š J K G D P A X E P I
R I N Ř U E V Y Z N M F O R W
O E C E O V A P E L I K Á N O
S H Z S P P L U W D S I G Z E
J F R X A U O R B M C H B U A
B R I H P F V P H L G D F M Y
V R Á N A N H C A K W P M L V
```

PŠTROS
OREL
ČÁP
LABUŤ
KUKAČKA
VRÁNA
PLAMEŇÁK
HUSA
VOLAVKA
RACEK

VRABEC
JESTŘÁB
VEJCE
PAPOUŠEK
HOLUB
KACHNA
PELIKÁN
TUČŇÁK
KUŘE
TUKAN

51 - Geografía

```
H V G X S A R E K K I B I Y Y
T O X M C B Y I D O H C Ý V Z
Z H U E J R L K N N T S C I Á
D E D I B S R W X T P S C T P
A E J I H Y G Z X I O A Ě O A
P L N G L D L L E N L V Í M D
A U E R V W D A D E E I N Y R
M O Ř E O Ř E K A N D G R F Y
J K B K A V E Y R T N Á E C O
V O I Y T O N V O O Í I V S S
Z L A B L R O Í H K K S E R E
Z O Z C A T I M K X R V S P R
E P X E S S G E J X W Ě R J A
R L U U M O E Z P I O T N B A
F A L M P Ě R Ú Z C C A H E K
```

ATLAS
MĚSTO
KONTINENT
ROVNÍK
VÝCHOD
POLOKOULE
OSTROV
MAPA
MOŘE
POLEDNÍK

HORA
SVĚT
SEVERNÍ
OCEÁN
ZÁPAD
ZEMĚ
REGION
ŘEKA
JIH
ÚZEMÍ

52 - Música

```
R E F R É N Z E I Z I Z N T P
L M S D U R P I E P M P Á A Z
B P V J S Z Í D R E P Ě S K P
X Z O O F L V O K R R V T G S
A Y Y D A D A L A B O Á R Y X
H L Ý K C I T E O P V K O H C
R A B H E D P M S N I H J U Z
Y K R U A R E P O O Z U H D F
T V S M M R Y C F F O D L E Z
M Á U M O P M E T O V E A B J
U R U X H N J O O R A B S N U
S H X T G M I O N K T N O Í U
R A Y T A Y B C F I X Í V K S
H N X B Y K E D K M E J Ý W J
K L A S I C K Ý P Ý I K H H X
```

HARMONIE
HARMONICKÝ
ALBUM
BALADA
ZPĚVÁK
ZPÍVAT
KLASICKÝ
REFRÉN
NAHRÁVKA
IMPROVIZOVAT

NÁSTROJ
MELODIE
MIKROFON
HUDEBNÍ
HUDEBNÍK
OPERA
POETICKÝ
RYTMUS
TEMPO
HLASOVÝ

53 - Enfermedad

```
G S E D J P V D L M E S Y B U
E I P A R E T X L E C D R S W
N N E M F K L L A I R O Ý H A
E K O S T I A N S G T I V M G
T K Ý R O P T N M R O Ě I V A
I Í N Č A R I P S E R U L R L
C N Č U B K N P V L O L Ž O F
K R I N Ř R U K L A Ý B A L S
Ý E D Í I X M T R I Z M K U G
J D Ě V Š K I Z N S C F A U P
P E D A N U Z Á L Í V N N H A
X B X R Í Z K N D T L H Í V O
S Y N D R O M Ě L S K D E X H
Z K L Z L E I T A P O R U E N
C H R O N I C K Ý R P Z T W T
```

BŘIŠNÍ
AKUTNÍ
ALERGIE
NAKAŽLIVÝ
SRDCE
CHRONICKÝ
TĚLO
SLABÝ
GENETICKÝ
DĚDIČNÝ

KOSTI
ZÁNĚT
IMUNITA
BEDERNÍ
NEUROPATIE
PLICNÍ
RESPIRAČNÍ
ZDRAVÍ
SYNDROM
TERAPIE

54 - Actividades

```
Z S U M Ě N Í R W S R L L V U
H A U L K Š I T Í N E T Č O X
Á Č H E T A K T I V I T A P V
D Ý Y R H D O V E D N O S T L
A N E C A X A L E R O D K F P
N L V G A D A U D F O I X O O
K O D J L Í N Á V O L A M D T
Y V J B S H R I T V L H R Y Ě
Y J J A E N M Y Č Z Á J M Y Š
K E R A M I K A B E R T T M E
V V R D E R N V Z O N C V A N
A J R U Ř M V N L H L Í R G Í
V E R L B M E X D C K O D I J
T U R I S T I K A M Y B V E P
F O T O G R A F O V Á N Í K E
```

AKTIVITA
UMĚNÍ
ŘEMESLA
LOV
KERAMIKA
ŠITÍ
FOTOGRAFOVÁNÍ
DOVEDNOST
ZÁJMY
ZAHRADNIČENÍ

HRY
ČTENÍ
MAGIE
VOLNÝ ČAS
RYBOLOV
MALOVÁNÍ
POTĚŠENÍ
RELAXACE
HÁDANKY
TURISTIKA

55 - Verduras

```
O O D N B S R Y V T M C N O P
W L Z K H I I H M R O T O K F
X C I M Y P R A J Č E Z X U Y
E C E V M R K E V O P C X R F
M N X N A I D M L I L E K K C
H W R O B M A R B E G L O A N
B X O N U P P C L A Ž F Č L X
R J V R O Z U I Ě J P R Y G Y
O Z Z O H C V I N Í Ř U T W I
K C Á X D Č E E Ý P Z X R E O
O I Z J S E K L D E P V A X P
L B K D K S D X E S A L Á T W
I U D T Á N E P Š R S T W R X
C L I D O E Ř I P U A U R I O
E E J M D K E Š Á R H V Y B A
```

ČESNEK   ZÁZVOR
ARTYČOK   TUŘÍN
CELER   OLIVA
LILEK   BRAMBOR
BROKOLICE   OKURKA
DÝNĚ   PETRŽEL
CIBULE   ŘEDKEV
SALÁT   HOUBA
ŠPENÁT   RAJČE
HRÁŠEK   MRKEV

56 - Instrumentos Musicales

```
K H G H M X O S R M F R Z G X
M Y O C W A O A B M I R A M B
F C T B C S L X G O N G G K L
N Z Z A O L Z O Ž D N E B K O
G G R N R J D F D H A R F A M
M L D T F A N O A B R P P D A
S M R É G U U N E B U B X S N
H P Í L R V O N F G K Y V X D
O W V F U Y Z N Z Y P Y N R O
U J A K I N O M R A H B R G L
S F L S D E P B E R B X I G Í
L A K B U R T E N I R A L K N
E G T A M B U R Í N A Y S E A
O O P O K L E P G R S I Z K B
B T V I O L O N C E L L O Z F
```

HARMONIKA
HARFA
BENDŽO
KLARINET
FAGOT
FLÉTNA
GONG
KYTARA
MANDOLÍNA
MARIMBA

HOBOJ
TAMBURÍNA
POKLEP
KLAVÍR
SAXOFON
BUBEN
POZOUN
TRUBKA
HOUSLE
VIOLONCELLO

57 - Formas

H	K	R	Y	C	H	L	E	K	X	P	N	Y	V	W
P	R	T	I	C	O	U	P	B	R	K	X	U	Á	D
Y	C	A	N	A	R	T	S	U	F	U	F	U	L	T
R	K	Í	N	L	É	D	B	O	Y	A	H	M	E	F
A	M	H	O	Y	Z	Y	W	A	P	S	W	T	C	V
M	H	R	A	N	O	L	K	Ř	I	V	K	A	D	K
I	K	U	Ž	E	L	P	C	L	J	G	J	P	H	Ř
D	F	L	V	F	A	L	O	B	R	E	P	Y	H	Á
A	S	P	I	L	E	P	E	L	U	O	K	B	J	D
N	Á	M	Ě	S	T	Í	K	Á	Y	C	N	M	T	E
H	Z	S	U	J	V	O	Y	V	D	G	S	J	H	K
O	A	G	N	M	P	K	U	O	L	B	O	D	E	W
T	R	O	J	Ú	H	E	L	N	Í	K	M	N	N	V
V	J	P	O	E	M	X	Y	J	K	K	O	K	D	W
H	S	Z	X	R	Z	L	C	M	U	S	U	E	H	K

OBLOUK
HRANY
VÁLEC
KRUH
KUŽEL
NÁMĚSTÍ
KRYCHLE
KŘIVKA
ELIPSA
KOULE

ROH
HYPERBOLA
STRANA
ŘÁDEK
OVÁL
PYRAMIDA
POLYGON
HRANOL
OBDÉLNÍK
TROJÚHELNÍK

58 - Flores

```
M R W X L T F G G P J P M G T
K D O O I E J T I A O I U A U
J K V R L U T I S M C V Č R L
A R C C I Y N E D P S O E D I
I I F H E I A M J E O Ň N É P
M E C I T Y K M H L Y K K N Á
E L U D N A V E L I I A A I N
S U F E R Ů Ž E N Š B E F E P
S L Z J A K S Á R K I M D E S
J A S M Í N Y I E A Š W J J G
X L Y P L I N F C B E R H T F
A C U C V H Z B H R K Í Ř E Š
S L U N E Č N I C E A V H P F
M U Y F X O E E I L Ó N G A M
N M Ě S Í Č E K Á M N D Z O T
```

MÁK
MĚSÍČEK
PAMPELIŠKA
GARDÉNIE
SLUNEČNICE
IBIŠEK
JASMÍN
LEVANDULE
ŠEŘÍK
LILIE

MAGNÓLIE
SEDMIKRÁSKA
NARCIS
ORCHIDEJ
MUČENKA
PIVOŇKA
KYTICE
RŮŽE
JETEL
TULIPÁN

59 - Astronomía

```
Z T O M O N O R T S A Z Z C R
A R T S E C I Ž U R D Á K N V
T G C O C T N D E T O Ř R S U
M R J K W C E E A R I E D H O
Ě D D X K X L O B P L N U Z F
N E I X A L A G R E C Í S Ě M
Í L I U X S A A S T E R O I D
F H X Ě Ř O T A V R E S B O W
K O S M O S E R P L A N E T A
J K E E L E K I O V E S M Í R
X E P Z X F A V O N R E P U S
L L R F T A R X H C A L J N S
J A S O U H V Ě Z D Í U Z U G
B D U F M A I K Y A B F T E R
R O V N O D E N N O S T E U B
```

ASTEROID
ASTRONAUT
ASTRONOM
NEBE
RAKETA
SOUHVĚZDÍ
KOSMOS
ZATMĚNÍ
ROVNODENNOST
GALAXIE

MĚSÍC
METEOR
OBSERVATOŘ
PLANETA
ZÁŘENÍ
DRUŽICE
SUPERNOVA
DALEKOHLED
ZEMĚ
VESMÍR

60 - Tiempo

R	C	H	L	V	D	Í	B	P	W	D	N	A	J	S
Ř	O	W	F	Ď	E	T	U	Y	E	G	K	T	V	L
Á	N	Č	K	P	S	E	D	H	O	D	I	N	A	X
D	O	J	N	C	E	L	O	N	P	S	Ž	B	E	M
N	E	B	E	Í	T	O	U	J	Z	L	M	L	T	V
E	N	N	D	S	I	T	C	S	U	U	A	I	A	C
L	D	I	Ý	Ě	L	S	N	Y	J	F	K	J	S	X
A	E	P	T	M	E	T	O	X	H	T	O	O	O	H
K	L	R	U	A	T	C	S	E	N	D	I	V	U	V
O	O	Á	B	M	Í	N	T	P	K	V	Č	E	R	A
R	P	N	M	I	N	U	T	A	Ř	T	H	H	R	D
F	P	O	N	E	E	Y	N	B	I	E	M	W	C	G
A	R	V	U	H	O	D	I	N	Y	L	D	Z	U	E
A	G	D	X	W	C	L	D	N	M	B	H	E	D	U
X	I	S	E	B	F	W	F	J	H	D	E	W	F	O

TEĎ
PŘED
ROČNÍ
ROK
VČERA
KALENDÁŘ
DESETILETÍ
DEN
BUDOUCNOST
HODINA

DNES
RÁNO
POLEDNE
MĚSÍC
MINUTA
OKAMŽIK
NOC
HODINY
TÝDEN
STOLETÍ

61 - Paisajes

```
Z P V O D O P Á D G I I G K J
Á O R Z D R P L Á Ž G Í S V E
L U B A V O R T S O O L O P S
I Š O Z O U Í X R R L O V E K
V Ť I W R I Z V I E X D T H Y
S G I I T L J D G Z G Ú K A N
O R N P S D E T J E M D L U Ě
P C Ř G O D G D M J Ú S T Í A
K F T E H W V Z O L A G U N A
A F M D K H D W P V K G V S N
B D L K V A R O H S E T P D I
N H O R M Z X B I M M C H V Ž
G F O L T Á C T O G O X Z B A
B K E W U O X Z H Y Z Ř S O B
M X O R J N T U N D R A E V J
```

VODOPÁD
JESKYNĚ
POUŠŤ
ÚSTÍ
GEJZÍR
ZÁLIV
LEDOVEC
OSTROV
JEZERO
LAGUNA

MOŘE
HORA
OÁZA
BAŽINA
POLOOSTROV
PLÁŽ
ŘEKA
TUNDRA
ÚDOLÍ
SOPKA

62 - Días y Meses

Ř	C	T	W	P	T	C	S	O	K	B	T	X	S	B
I	Í	V	S	C	A	U	R	Z	F	G	C	K	O	Z
Č	F	J	Ú	N	O	R	P	X	F	A	D	L	B	K
N	E	Z	E	R	O	K	E	K	A	B	I	E	O	A
E	L	R	O	N	Y	H	N	E	D	Ý	T	D	T	L
D	I	X	V	Č	T	V	R	T	E	K	Z	E	A	E
Ě	S	B	Y	E	I	V	C	Á	Ř	C	N	N	N	N
L	T	D	E	M	N	J	O	P	T	F	U	L	P	D
E	O	Z	V	Ě	A	E	K	P	S	R	V	B	P	Á
P	P	F	S	S	J	P	C	Č	E	R	V	E	N	Ř
Y	A	L	C	Í	L	Ě	D	N	O	P	J	N	E	E
Y	D	D	O	C	W	H	P	V	Z	T	Z	J	B	X
Z	Á	Ř	Í	I	J	H	N	H	F	R	V	N	U	L
F	E	B	F	Y	S	H	P	U	K	N	M	D	D	W
Ú	T	E	R	Ý	G	A	N	W	M	S	L	Y	L	W

DUBEN
SRPEN
ROK
KALENDÁŘ
NEDĚLE
LEDEN
ÚNOR
ČTVRTEK
ČERVENEC
ČERVEN

PONDĚLÍ
ÚTERÝ
MĚSÍC
STŘEDA
LISTOPAD
ŘÍJEN
SOBOTA
TÝDEN
ZÁŘÍ
PÁTEK

63 - Biología

```
B Y V L A N A T O M I E A Y V
C H M I S L O P W C W B F P X
M U S S T W B M Ř T O O A Z R
K A F K G T Z T R Í D G L Z R
B Í L K O V I N A O R B U M W
B W T B M Z J I D R H O A X T
C U V P M S A S W B F Y D D U
H Y Ň E N Z Y M G C Z R F N X
R D H K E I R E T K A B N E Í
O J C J A N N E R V L M E G N
M N E U R O N F K I P E C A O
O V V U S Y M B I Ó Z A A L O
Z S A T A Z É T N Y S O T O F
Ó E S P A N Y S D W C Y U K M
M M R V Ý V O J I A Z Ó M S O
```

ANATOMIE
BAKTERIE
BUŇKA
KOLAGEN
CHROMOZÓM
EMBRYO
ENZYM
VÝVOJ
FOTOSYNTÉZA
HORMON
SAVEC
MUTACE
PŘÍRODNÍ
NERV
NEURON
OSMÓZA
BÍLKOVINA
PLAZ
SYMBIÓZA
SYNAPSE

64 - Chocolate

```
V G S L U V L L S L M K E M D
A W L A K Y O W N E N A X S P
N M A H X N D G X M I L O F Ř
E R D O D O U Í P A H O T B Í
K C K D Ř M Z K Š R Ý R I P S
B A Ý N D E X K H A K I C R A
U Z K É E H M C U K R E K Á D
J W V A Z B C E W E O A Ý Š A
J A G A O B M K S C H F C E V
R E C E P T W Z O L S J H K Ů
O B L Í B E N Ý D H N P U J N
K O K O S B P F D K E É Ť F Ě
E N R C K V A L I T A B V D H
A N T I O X I D A N T R Z E G
P Ř Í C H U Ť K A L F L U U W
```

HORKÝ
ANTIOXIDANT
VŮNĚ
ŘEMESLNÉ
CUKR
ARAŠÍDY
KAKAO
KVALITA
KALORIE
KARAMEL

KOKOS
LAHODNÉ
SLADKÝ
EXOTICKÝ
OBLÍBENÝ
CHUŤ
PŘÍSADA
PRÁŠEK
RECEPT
PŘÍCHUŤ

65 - Barbacoas

L	D	F	H	Z	C	P	T	G	G	P	V	U	O	T
É	I	Z	I	O	W	Ý	C	P	D	I	X	L	V	O
T	B	R	I	X	H	K	E	D	Ě	E	Z	K	O	O
O	J	M	N	L	V	R	C	I	B	U	L	E	C	M
X	V	M	K	J	D	O	Y	T	O	M	Ů	Ž	E	Á
G	S	F	T	H	A	H	T	Ě	S	J	S	O	D	Č
M	J	R	O	T	I	I	Á	D	I	B	I	N	K	K
L	Z	M	P	G	P	B	L	I	A	O	K	K	T	A
K	D	K	D	E	X	E	A	J	Y	G	Z	D	F	T
U	P	R	C	S	P	W	S	V	T	U	R	A	T	A
Ř	S	O	Z	H	U	Ř	I	E	K	J	K	I	G	Č
E	S	D	A	L	H	S	Z	E	Z	H	M	O	L	J
E	X	I	O	A	S	O	V	E	Č	E	Ř	E	Y	A
N	A	N	I	N	E	L	E	Z	Z	N	P	R	K	R
M	O	A	B	D	U	H	X	B	R	T	P	Y	D	V

OBĚD
HORKÝ
CIBULE
VEČEŘE
NOŽE
SALÁTY
RODINA
OVOCE
HLAD
HRY

HUDBA
DĚTI
GRIL
PEPŘ
KUŘE
SŮL
OMÁČKA
RAJČATA
LÉTO
ZELENINA

66 - Ropa

```
Z G I N Š D S C A S Z S K K R
K Á P O M A Ž Y P V K A O A U
L Y S N C N T D I E J N Š L K
O M Š T T J I Y T T F D I H A
B Ó Á V Ě T U P K R X Á L O V
O D T B N R L W B R C L E T I
U A E O K T A L T F E Y A Y C
K P K T U N J C J A O P R V E
U P K A S N Á R A M E K Š D K
I J P Á S Z E X W X M W V B L
B U N D A Z H C S F S S Z J S
N Á H R D E L N Í K K A B Á T
M M P K C U X W A G U F L Z N
M I X T A R H X O P H G Z F G
H A L E N K A B A E Z Y S X G
```

KABÁT
HALENKA
ŠÁTEK
KOŠILE
BUNDA
PÁS
NÁHRDELNÍK
ZÁSTĚRA
SUKNĚ
RUKAVICE

ŠPERKY
MÓDA
KALHOTY
PYŽAMO
NÁRAMEK
SANDÁLY
KLOBOUK
SVETR
ŠATY
BOTA

67 - Meditación

E	H	U	D	B	A	Š	I	K	P	M	F	C	F	D
B	M	B	A	W	V	T	Y	G	O	T	Y	T	M	K
D	F	O	B	R	L	Ě	E	K	Z	X	X	S	P	S
L	U	R	C	V	R	S	P	R	O	U	O	O	L	O
T	A	U	H	E	J	T	Z	W	R	K	I	V	P	U
F	D	K	F	V	O	Í	Y	Í	O	L	K	A	E	C
P	O	Z	O	R	N	O	S	T	V	I	J	K	R	I
U	R	B	D	F	W	D	W	E	Á	D	A	S	S	T
U	Í	F	A	U	W	Y	B	J	N	N	S	A	P	S
E	Ř	J	E	G	Š	C	G	I	Í	I	N	L	E	O
I	P	C	W	L	N	E	F	Ř	E	T	O	H	K	N
D	Ý	C	H	Á	N	Í	V	P	H	M	S	N	T	Č
M	Y	Š	L	E	N	K	Y	N	R	B	T	U	I	Ě
V	V	D	B	Z	R	A	U	M	Í	S	C	T	V	D
R	C	V	U	Z	T	E	Č	L	M	U	M	Í	A	V

PŘIJETÍ
POZORNOST
LASKAVOST
UKLIDNIT
JASNOST
SOUCIT
EMOCE
ŠTĚSTÍ
VDĚČNOST
DUŠEVNÍ

MYSL
HNUTÍ
HUDBA
PŘÍRODA
POZOROVÁNÍ
MÍR
MYŠLENKY
PERSPEKTIVA
DÝCHÁNÍ
UMLČET

68 - Café

```
O H A M D J T V P O E F F P P
U F J X R Á H O P Z T P I T Í
M L É K O K T D O V Ů P L H T
E Z F T N Y U A N E C V T F K
I M M O Á A H C I F K Y R A B
S W N B R C C I E S T U Y A A
O W H R P N H E F X N M A D T
H Ý K K S G I K O H H Ě N Ů V
L L M L R B H G K O T N I R Y
Č E R N Á É S Z J R M C L D E
X S O N E Y M Z X K U Z A O K
D Y B R O U S I T Ý N Á P O J
M K X L T M O A I T D J A N A
Y E A T U P Ř Í C H U Ť K E Y
A Y S T T L F L X Y S J Y X B
```

VODA
HORKÝ
VŮNĚ
CUKR
KYSELÝ
PÍT
NÁPOJ
KOFEIN
KRÉM
FILTR

MLÉKO
KAPALINA
RÁNO
BROUSIT
ČERNÁ
PŮVOD
CENA
PŘÍCHUŤ
POHÁR
ODRŮDA

69 - Libros

```
D O B R O D R U Ž S T V Í U K
P V F F V A D A Ř Z R L J J O
B W Y B R A U E N E R H F S N
Ř Á N E T Č M T A O I T M H T
E T S F T T R W O V V M Y Ě E
E X O E I Z E O P R I A Í B X
Z F B U Ň L I T E R Á R N Í T
D S T R Á N K A G W O P Ř V
V U H I S T O R I C K Ý N P Y
T W A K R Í B S E G Ý N A S P
I J X L F Y A B V M Z X V F R
P Ý K C I G A R T L V R E J A
N A I H E T D Y P E O S L C V
Ý O N M U Y A R O M Á N E T Ě
V Y N A L É Z A V Ý G C R I Č
```

AUTOR
DOBRODRUŽSTVÍ
SBÍRKA
KONTEXT
DUALITA
PSANÝ
PŘÍBĚH
HISTORICKÝ
VTIPNÝ
VYNALÉZAVÝ

ČTENÁŘ
LITERÁRNÍ
VYPRAVĚČ
ROMÁN
STRÁNKA
RELEVANTNÍ
BÁSEŇ
POEZIE
ŘADA
TRAGICKÝ

70 - Los Medios de Comunicación

```
S F V T Y H E C R J K D K A V
Í A T Z D A A U Á I O I O I F
Ť K Z S D C V Í D A M G M I I
E T L C R Ě R N I L E I U H N
B A X K Y B L L O B R T N M A
O N L I N E S Á M E Č Á I Í N
N W S L I X Y U V I N L K S C
O Á E E V D M T W Á Í N A T O
H D Z J O D Ů K C W N Í C N V
G V I O N T R E W B H Í E Í Á
Z G V T R T P L I J I O C N N
C V E S Ý N J E Ř E V Z I N Í
N C L O F Y K T O F V M D X Y
A Z E P N E G N U Z G L E J S
J K T W W Y S I P O S A Č C N
```

POSTOJE
KOMERČNÍ
KOMUNIKACE
DIGITÁLNÍ
EDICE
VZDĚLÁVÁNÍ
ONLINE
FINANCOVÁNÍ
FOTKY
FAKTA

PRŮMYSL
INTELEKTUÁLNÍ
MÍSTNÍ
NÁZOR
NOVINY
VEŘEJNÝ
RÁDIO
SÍŤ
ČASOPISY
TELEVIZE

71 - Nutrición

```
Z S T F F L D V P W K F P O W
U D T G U T Z Y K R A Z Ř O S
C E R R A I J R M F L K Í K D
I Y L A A Z R Ý K R O H C N X
E T N T V V Y S K C R K H E S
J E D L Ý Í A O V I I V U S A
C H U Ť Z D R A V Ý E A Ť O C
D H N Z S Y N G Z A P L X A H
Z N Í M A T I V E Y W I I Z A
S L T S O N T O M H E T K R R
H Y O K M V I X Z F Y A R N I
X I X A X J Y V O M Á Č K A D
N N I P R O T E I N Y K Y V Z
N Ý N E Ž Á V Y V Ž J B R O O
T R Á V E N Í N E Š A V K H O
```

HORKÝ
CHUŤ
KVALITA
KALORIE
SACHARID
JEDLÝ
STRAVA
TRÁVENÍ
VYVÁŽENÝ
KVAŠENÍ

ZVYKY
ŽIVINA
HMOTNOST
PROTEINY
PŘÍCHUŤ
OMÁČKA
ZDRAVÍ
ZDRAVÝ
TOXIN
VITAMÍN

72 - Edificios

```
G J F L J H S Y D M X C P E Z
C A O M I O U B O C M N A C Y
J H R N K S P H A H H X A I R
B Y T Á C T E S T A D I Ó N S
X O U O Ž E R D H M I Ř N C G
N W J B P L M I O H K O R O O
K A B I N A A L O D O T S M B
M K G R C K R M M P G A N E S
Z T D A R H K J U U E R M N E
C E C I K Z E U Z Š K O L A R
S R Ž Ě V I T U E W K B G N V
F A R M A A N N U L B A O N A
T V G L N J D O M H R L X M T
T O V Á R N A L E T O H A V O
P V A N A Y T I O O H J H K Ř
```

HOSTEL
BYT
KABINA
HRAD
KINO
ŠKOLA
STADIÓN
TOVÁRNA
GARÁŽ
STODOLA

FARMA
NEMOCNICE
HOTEL
LABORATOŘ
MUZEUM
OBSERVATOŘ
SUPERMARKET
DIVADLO
VĚŽ

73 - Océano

V	S	P	D	Ď	B	A	T	J	N	J	R	B	D	G
U	E	Ř	U	O	B	Ú	M	A	B	Y	R	L	E	V
T	J	Í	O	L	K	S	C	B	Z	Z	U	G	L	D
S	W	L	O	H	C	T	E	U	E	Ú	X	X	F	Z
K	E	I	K	H	Ú	Ř	K	O	K	A	D	K	Í	B
C	H	V	Z	S	M	I	X	H	H	D	R	E	N	P
B	H	Y	N	H	E	C	T	U	Ň	Á	K	S	M	S
B	S	O	W	U	P	E	L	Ř	F	Y	R	Ú	F	Ů
Z	C	B	B	Z	K	O	L	A	R	Ž	Y	T	K	L
R	Y	B	A	O	U	A	S	S	T	I	I	E	K	M
Ž	E	L	V	A	T	V	K	Y	Z	J	J	S	R	X
O	Y	K	G	U	S	N	V	T	P	D	C	D	A	K
K	O	R	Á	L	P	Y	I	C	N	A	A	J	B	M
K	R	E	V	E	T	A	G	C	O	V	T	O	L	E
U	Z	Y	Z	K	H	T	O	H	E	Z	G	M	R	W

ŘASY
ÚHOŘ
ÚTES
TUŇÁK
VELRYBA
LOĎ
KREVETA
KRAB
KORÁL
DELFÍN

HOUBA
PŘÍLIVY
MEDÚZA
ÚSTŘICE
RYBA
CHOBOTNICE
SŮL
ŽRALOK
BOUŘE
ŽELVA

74 - Ciudad

```
T E K R A M R E P U S E K Z B
B Y U E W I U K L U D U I X A
L É K Á R N A Z K D Y V N P N
G A L E R I E L E T O H O A K
T R H A O T Z W M U Y G O K A
K V Ě T I N Á Ř L V M P Z I B
L E T I Š T Ě K N I H O V N A
H R I O I W J H E Z P B G I A
S T A D I Ó N I I Y J A F L N
T I L W O L D A V I D J W K R
I A O H P H V O L W U F T P Á
B B K Í V T C E P U K H I N K
X D Š U C K O B K S J G I A E
K L M E S Z B V O V I O L S P
G U N I V E R Z I T A E O J X
```

LETIŠTĚ
BANKA
KNIHOVNA
KINO
KLINIKA
ŠKOLA
STADIÓN
LÉKÁRNA
KVĚTINÁŘ
GALERIE

HOTEL
KNIHKUPECTVÍ
TRH
MUZEUM
PEKÁRNA
SUPERMARKET
DIVADLO
OBCHOD
UNIVERZITA
ZOO

75 - Agronomía

```
S U D R Ž I T E L N Ý S E V U
Y V E N K O V S K Ý E E N D F
S U R O S T L I N Y A M E N W
T O R G A N I C K Ý D E R O S
É C J G G N Í C C L D N G E T
M W C Y O E N A O P Z A I P U
Y Í V T S L Ě D Ě M E Z E R D
D L Z W I F T O M N E A E Ů O
V U H X U P Š V K F B N K S V
E C A K I F I T N E D I O T A
Z K B D U X Č L U F C N L B T
O L O R Ě H E V G L B E O T D
R B R L K V N N X B L G S E
E D Ý J J R Z Z L H Z E I I C
U O V I J O N H J W Y Z E V O
```

ZEMĚDĚLSTVÍ
VODA
VĚDA
ZNEČIŠTĚNÍ
RŮST
EKOLOGIE
ENERGIE
NEMOCI
EROZE
STUDOVAT

HNOJIVO
IDENTIFIKACE
ORGANICKÝ
ROSTLINY
VÝROBA
VENKOVSKÝ
SEMENA
SYSTÉMY
UDRŽITELNÝ
ZELENINA

76 - Actividades y Ocio

Y	M	S	Í	Á	V	O	P	M	E	K	G	R	Z
Y	S	A	W	L	A	B	T	E	K	S	A	B	E	A
J	M	I	L	V	M	K	L	A	X	I	C	F	L	H
Í	N	Á	V	O	F	R	U	S	S	N	E	F	A	R
N	H	T	E	L	V	B	B	P	H	E	I	F	X	A
Ě	N	A	O	O	Í	Á	T	C	O	T	V	L	A	D
M	S	V	K	B	U	N	N	L	J	V	P	D	Č	N
U	X	O	T	Y	Z	S	Ě	Í	J	G	Á	G	N	I
C	L	T	J	R	V	G	S	P	C	H	I	N	Í	Č
B	A	S	E	B	A	L	L	U	Á	X	U	D	Í	E
H	K	E	H	D	Z	X	U	F	O	T	B	A	L	N
K	W	C	V	A	T	I	S	L	W	X	O	B	C	Í
K	O	N	Í	Č	K	Y	L	O	V	J	J	P	P	O
P	L	A	V	Á	N	Í	F	G	L	F	Z	Z	X	U
F	W	T	U	R	I	S	T	I	K	A	C	A	Y	K

KONÍČKY
UMĚNÍ
BASKETBAL
BASEBALL
BOX
POTÁPĚNÍ
KEMPOVÁNÍ
NAKUPOVÁNÍ
FOTBAL
GOLF
ZAHRADNIČENÍ
PLAVÁNÍ
RYBOLOV
MALOVÁNÍ
RELAXAČNÍ
TURISTIKA
SURFOVÁNÍ
TENIS
CESTOVAT

77 - Ingeniería

```
N K C P M S T R U K T U R A S
A A S O O O X X K D N Z N N T
P D F Y J H T J Y S H G A I A
H O D T S F O O R L J H Y L B
H V M H A Y P N R S J A V A I
R G U C N J Í N E Ř Ě M Ý P L
T Ř E N Í N C N C D H A P A I
D P I S Z H L O U B K A O K T
I R G Z E Z E J B C A L Č L A
A Ů R C F Z H I I D I Í E L F
G M E E C I Ú B R B S S T V F
R Ě N P Á K Y J T S T R O J O
A R E C K U R T S N O K B L G
M I T W Y E S Y I S F S F U C
G X K R H H F B D I E C N G M
```

ÚHEL
VÝPOČET
KONSTRUKCE
DIAGRAM
PRŮMĚR
NAFTA
DISTRIBUCE
OSA
ENERGIE
STABILITA

STRUKTURA
TŘENÍ
SÍLA
KAPALINA
STROJ
MĚŘENÍ
MOTOR
PÁKY
HLOUBKA
POHON

78 - Comida #1

```
P O L É V K A Š Ť Á V A P W J
L K E M U E K A U T J T K S E
R É G O O N L O F W M U P Y Č
I L B F O S A M R M B T H O M
J M U O R E Z A L K H S Ů L E
D A S O V Č A G C V U O J F N
R S H S N C B M R K E V Z F K
B F N O R T I C Y L L T Z R Z
M C H T D R O G M M E U J S I
D Á I Y R A I K S Z Š Ň H V F
N U T B D T C U K R P Á R R U
V X J A U S R G C H E K X S K
V E E Y T L Y V L E N Í Ř U T
H R U Š K A E D L A Á J K M J
S K O Ř I C E M O Z T Á L A S
```

ČESNEK
BAZALKA
TUŇÁK
CUKR
SKOŘICE
MASO
JEČMEN
CIBULE
SALÁT
ŠPENÁT

JAHODA
ŠŤÁVA
MLÉKO
CITRON
MÁTA
TUŘÍN
HRUŠKA
SŮL
POLÉVKA
MRKEV

79 - Antigüedades

```
U C N A T O N D O H R K N I K
H M L E U X Y U H N O T Á N V
O T Ě T O K R W G Z V Ý B V A
V G F N N B C W R T M R Y E L
V D F N Í T V E C E N A T S I
R T O G K V K Ý L E T E T T
H L T B P R T S K J E S K I A
G L M H H C H O C L Z K G C P
S T O L E T Í C I Y Ý B F E L
X W F A U Y F H T T M I N C E
H H Z X V N P A N S N I H V O
O B N O V E N Í E I R E L A G
C K F G U R Í N T N A G E L E
Š P E R K Y U V U D E K Á D Y
N T E Í N V I T A R O K E D V
```

UMĚNÍ
AUTENTICKÝ
KVALITA
DEKORATIVNÍ
DEKÁDY
ELEGANTNÍ
SOCHA
STYL
GALERIE
NEOBVYKLÝ

INVESTICE
ŠPERKY
MINCE
NÁBYTEK
CENA
OBNOVENÍ
STOLETÍ
AUKCE
HODNOTA
STARÝ

80 - Literatura

```
D B N A E J G W N Á M O R E V
T K E F N P H J D G E X U V T
R B G L I A Ý K C I T E O P Z
A K A I E N L X U I A M É T Á
G L T N N T O Ý P H F V N O V
É P O P I S R I Z U O Y X G Ě
D O D G O L A I D A R P R L R
I Z K Z S T Y L E L A R B M C
E E E G U A B Á S E Ň A H S R
B O N K M R F Í N Á N V O R S
V T A Z T Z C W N V N Ě L U W
E M M S Y H O R F O L Č B M L
O H G E R U A T N K H M D U V
Ž I V O T O P I S D A U T O R
I S F A A N A L O G I E R Ý M
```

ANALOGIE
ANALÝZA
ANEKDOTA
AUTOR
ŽIVOTOPIS
SROVNÁNÍ
ZÁVĚR
POPIS
DIALOG
STYL

BELETRIE
METAFORA
VYPRAVĚČ
ROMÁN
BÁSEŇ
POETICKÝ
RÝM
RYTMUS
TÉMA
TRAGÉDIE

81 - Química

```
X Y N G L C U Y P P O E Z P M
R P C P I B X J S R Ó L H C I
S E P O G V A G X Y H E P C E
T Ů A N I L A P A K M K I E X
E Z L K K O V Y V U O T Y A T
P U W N C V O D Í K T R P N N
L X Ý N R E D A J A N O R I V
O P I O J M Y Z N E O N Y L P
T N B X E O U P K W S O C E X
A H Z U S L V O Y O T L Y S G
U H L Í K E K Y S L Í K W Y S
I U O O R K A Z D B D I Y K E
Z X F D Y U R S S H I O N T H
V C M J Z L A L K A L I C K É
J J M C H A S T A X Z C O J V
```

ALKALICKÉ
KYSELINA
TEPLO
UHLÍK
CHLÓR
ELEKTRON
ENZYM
PLYN
VODÍK
IONT
KAPALINA
KOVY
MOLEKULA
JADERNÝ
KYSLÍK
HMOTNOST
REAKCE
SŮL
TEPLOTA

82 - Gobierno

```
R N Á R O D Z A S B H O O N G
L O B M Y S C P N O U E B E J
T A V A T S Ú G W Y K E Č Z T
Á S I N O S O U D N Í I A Á U
T Y O Z O P T Y Y O N C N V E
S X T N V S R P Z K M A S I I
G C A K L F T O E Á O R T S T
E W K O R D B W J Z P K V L O
V V I K W U E F A E J O Í O D
U G T R K I O V N K V M K S I
T F I E C D Ů V A S I E K T S
H B L S N P J N Á R O D N Í K
S V O B O D A T O A P X O N U
W Z P C I V I L N Í D S R R S
M V E I L F P J R D L V K T E
```

OBČANSTVÍ
CIVILNÍ
ÚSTAVA
DEMOKRACIE
PROJEV
DISKUSE
OKRES
STÁT
ROVNOST
NEZÁVISLOST
SOUDNÍ
SPRAVEDLNOST
ZÁKON
SVOBODA
VŮDCE
POMNÍK
NÁRODNÍ
NÁROD
POLITIKA
SYMBOL

83 - Creatividad

```
V K A J H A J P O E R L F I T
D Y S K A Y L B X B R W M N E
O Í N N Á T N O P S R I D T K
V E C A R I P S N I S A B U U
E I O N L O C R X T L Ý Z I T
D K T C X É G U F O U K I C O
N V V J P W Z A R Ý V C J E S
O T S O V I V A T S D E Ř P T
S P R A V O S T V D H L U J V
T C X P N A F L X Ý F Ě G T I
M D R A M A T I C K Ý M W N Z
E C O M E Y W I S W Z U T H E
J A S N O S T T C X N B P S P
O V I T A L I T A O A R L U D
D I M X T J V X N Á P A D Y X
```

UMĚLECKÝ
PRAVOST
JASNOST
DRAMATICKÝ
EMOCE
SPONTÁNNÍ
VÝRAZ
TEKUTOST
DOVEDNOST
NÁPADY

OBRAZ
PŘEDSTAVIVOST
DOJEM
INSPIRACE
INTUICE
VYNALÉZAVÝ
POCIT
VIZE
VITALITA

84 - Filantropía

```
R S L R Z P O C T I V O S T S
I T I T Ě D G L O B Á L N Í P
D K D A H C B Z N E V G P W O
O T É M L Á D Í X I D N K R L
S K U P I N Y V W R S S P D E
C D A R O V A T F O N D Y P Č
C H L I D S T V O T C S A R E
F P A U G L N X G S I C A O N
T I O R M U R A D I R T T G S
H T N I P W T P H Y Z F R T
C W K E Ř T S O R D Ě T Š A V
O Í M T R E A S X I T Y G M Í
A P L A D H B K P W T S O Y N
U R C E S I M A F I N A N C E
K O N T A K T Y V E Ř E J N Ý
```

CHARITA
SPOLEČENSTVÍ
KONTAKTY
DAROVAT
FINANCE
FONDY
ŠTĚDROST
LIDÉ
GLOBÁLNÍ
SKUPINY

HISTORIE
POCTIVOST
LIDSTVO
MLÁDÍ
CÍLE
MISE
POTŘEBA
DĚTI
PROGRAMY
VEŘEJNÝ

85 - Comida #2

W	H	K	S	V	A	D	Á	L	O	K	O	Č	N	M
C	R	O	K	L	B	A	J	I	P	B	D	S	T	A
H	O	Č	O	R	U	F	T	L	V	L	D	V	A	N
L	Z	Y	P	O	R	N	R	E	L	E	C	X	A	D
É	E	T	O	Š	I	N	E	K	H	N	Y	D	G	L
B	N	R	A	R	E	N	F	Č	X	V	I	G	N	E
R	X	A	E	Ý	Ý	N	S	W	N	Á	N	A	B	Ř
W	U	X	A	S	K	Ž	I	O	W	I	E	M	R	U
V	L	R	A	J	Č	E	E	C	P	I	C	H	O	K
K	I	W	I	A	W	H	M	I	E	C	J	E	V	J
Z	M	O	K	W	V	A	N	F	U	Y	R	V	Z	O
L	K	N	N	R	H	P	E	U	B	U	V	R	Á	G
B	A	S	J	N	U	H	K	D	Z	H	Z	X	Z	U
G	K	W	K	R	H	D	P	J	T	P	B	Y	A	R
T	Ř	E	Š	E	Ň	X	X	X	H	C	G	Y	Y	T

ARTYČOK
MANDLE
CELER
RÝŽE
LILEK
TŘEŠEŇ
ČOKOLÁDA
SLUNEČNICE
VEJCE
ZÁZVOR

KIWI
JABLKO
CHLÉB
BANÁN
KUŘE
SÝR
RAJČE
PŠENICE
HROZEN
JOGURT

86 - Arte

```
O S O B N Í V K K V U N Z Z S
P H Y L D F I E D Y B L A M L
I U F W L S Z R J L T Y R I O
J N L S M U U A A Í O R Ý O Ž
P E S O N K Á M D Č E B V C E
Ů P D P X R L I A I V W M D N
V Ř X N I H N C L T J C W Y Í
O E J B O R Í K Á S O C H A S
D D A V P D O Ý N M Í Ř P U F
N M E L S W U V K O M P L E X
Í Ě I N Y V B C A V A T S O P
C T P O E Z I E H N Y P X O V
V Y T V O Ř I T S Ý Ý C N J N
S U R R E A L I S M U S D A U
C I P K V Z J M B T S T F Y E
```

KERAMICKÝ
KOMPLEX
SLOŽENÍ
VYTVOŘIT
SOCHA
VÝRAZ
POSTAVA
UPŘÍMNÝ
NÁLADA
INSPIROVANÝ

PŮVODNÍ
OSOBNÍ
MALBY
POEZIE
VYLÍČIT
JEDNODUCHÝ
SYMBOL
SURREALISMUS
PŘEDMĚT
VIZUÁLNÍ

87 - Diplomacia

```
D Z V B P Z C K G M B O J I H
I A L V E O S U L M I B G N U
S H Á C K Z R Y W K Z Č J T M
K R D E I K P A A K P A Ř E A
U A A N A N B E D I H N E G N
S N Y A H K T W Č C B S Š R I
E I L L M A M I F N E K E I T
Í Č M S V V P B K I O Ý N T Á
N N K Y K Y Z A J J A S Í A R
E Í U V S M L O U V A K T G N
S P O L E Č E N S T V Í I N Í
E K U E P O L I T I K A B T Í
N C A V Y S P O L U P R Á C E
S P R A V E D L N O S T E E E
U A U K O N F L I K T V G E K
```

PORADCE
OBČANSKÝ
SPOLEČENSTVÍ
KONFLIKT
SPOLUPRÁCE
DISKUSE
VELVYSLANEC
ZAHRANIČNÍ
ETIKA
VLÁDA

HUMANITÁRNÍ
JAZYKY
INTEGRITA
SPRAVEDLNOST
POLITIKA
USNESENÍ
BEZPEČNOSTNÍ
ŘEŠENÍ
SMLOUVA

88 - Herboristería

```
S O M U K A D A R H A Z K B R
U F B A U V R P O K T K V A O
T B F P J K Ě O H V Á M A Z S
P E V U A O S T M L M E L A T
E N H D Z R R K I A B L I L L
T Č E S N E K Á Z N T H T K I
R P Ř Í C H U Ť N U A I A A N
Ž Z E L E N Á R Ý K D J C B A
E U H X V K N Á R F A Š F K V
L K Y N E F P H A A S S K U Ý
E S T R A G O N M R Í P V D P
X T R T I X O A Z S Ř T E H P
E N B R C J J R O B P K K A D
M N P V E C F S R S D E Z L A
K U L I N Á Ř S K É J K R K T
```

ČESNEK
BAZALKA
AROMATICKÝ
ŠAFRÁN
KVALITA
KULINÁŘSKÉ
KOPR
ESTRAGON
KVĚTINA
FENYKL

PŘÍSADA
ZAHRADA
MAJORÁNKA
MÁTA
PETRŽEL
ROSTLINA
ROZMARÝN
PŘÍCHUŤ
ZELENÁ

89 - Energía

```
Í N Ě T Š I Č E N Z M U R V D
B O V I L A P S L U N C E X J
Y R T Í V B L H C J M X J R V
R T E P L O A T F A N O V L B
Y K Í D O V E T H X P E T A U
L E B E N Z Í N E A L T I O K
F L S Y M Ů R P M R E P W G R
I E F O T O N W G U I F S J V
E U V X V U Z A Y D M E R N F
K K S J A D E R N Ý I S H G X
E N T R O P I E K Í L H U P V
E L E K T R I C K Ý B W I Á V
H S Y N F K G N G C D R G R Y
X O O O L X G B X T F R U A H
O B N O V I T E L N Ý R U T X
```

BATERIE
TEPLO
UHLÍK
PALIVO
ZNEČIŠTĚNÍ
NAFTA
ELEKTRON
ELEKTRICKÝ
ENTROPIE
FOTON

BENZÍN
VODÍK
PRŮMYSL
MOTOR
JADERNÝ
OBNOVITELNÝ
SLUNCE
TURBÍNA
PÁRA
VÍTR

90 - Especias

```
S W F K U V W R K C F S A C U
K N K E R X C J Y I J L L C K
O O E Č N Í M K S B C A D N U
Ř T O Í Á Y G A E U N D D O J
I A R B R T K K L L O K U K Y
C R Y E F K S L Ý E M Ý D Y H
E S J Ř A H A I Ů K A R I Y S
L G R H Š P K N X S D R N L W
R A U V O E I A Ý K R O H É Y
V J R Y K P R V A Z A V J K U
Ť U H C Í Ř P U M T K Z X O W
Č E S N E K A G L W T Á X Ř W
S D N E L N P K K I O Z A I U
E M L P F I K N J J U Z M C U
S X C L S X G E F J U B X E E
```

KYSELÝ
ČESNEK
HORKÝ
ANÝZ
ŠAFRÁN
SKOŘICE
KARDAMON
CIBULE
HŘEBÍČEK
KMÍN

KARI
SLADKÝ
FENYKL
ZÁZVOR
PAPRIKA
PEPŘ
LÉKOŘICE
PŘÍCHUŤ
SŮL
VANILKA

91 - Emociones

X	N	O	I	S	T	B	I	H	D	Z	H	K	L	T
S	O	A	W	Y	H	U	L	C	H	L	K	N	S	S
Z	T	R	Í	M	L	B	C	A	Y	S	L	U	Ě	W
S	I	Y	G	P	E	B	V	R	Ž	R	I	A	H	V
L	P	W	E	A	H	Ě	N	T	G	E	D	W	H	P
S	A	L	S	T	U	P	K	S	L	B	N	I	V	T
P	V	S	T	I	N	D	I	L	K	U	Ú	O	L	M
O	K	U	K	E	O	B	S	A	H	F	L	Z	S	Y
K	E	V	S	A	L	Z	W	K	D	B	E	X	M	T
O	Ř	O	M	D	V	M	D	S	J	Y	V	H	T	Z
J	P	L	U	U	P	O	Y	Á	S	K	A	E	I	T
E	J	N	T	N	I	Z	S	L	V	D	Ě	Č	N	Ý
N	S	Ě	E	G	R	H	T	T	S	O	D	A	R	I
Ý	X	N	K	L	O	T	S	C	F	M	K	O	E	V
K	L	Ý	L	G	L	V	Z	R	U	Š	E	N	Ý	S

NUDA
VDĚČNÝ
RADOST
ÚLEVA
LÁSKA
BLAŽENOST
LASKAVOST
UKLIDNIT
OBSAH
VZRUŠENÝ

HNĚV
STRACH
MÍR
UVOLNĚNÝ
SPOKOJENÝ
SYMPATIE
PŘEKVAPIT
NĚHA
KLID
SMUTEK

92 - Universo

```
M A M T H O R I Z O N T J V Z
S Ě S G A L A X I E E E I I V
V J S T A O O F E N D I X D Ě
Í A K Í E B E N U P E M Ý I R
N C D O C R S N Á K L O N T O
R O V N Í K O N C N H N R E K
Á D E S K F A I A E O O Í L R
L U Y M U I G C D B K R M N U
O H B O K U U M K E E T S Ý H
S L U N O V R A T S L S E C N
A T M O S F É R A K A A V T J
V N A R S Y L O H Ý D W R F L
X Z U T I O P I Í B Y U V C T
H L X S Y E O A B N T B G C W
C E T A S E L U O K O L O P V
```

ASTEROID
ASTRONOMIE
ASTRONOM
ATMOSFÉRA
NEBESKÝ
NEBE
VESMÍRNÝ
ROVNÍK
GALAXIE
POLOKOULE

HORIZONT
NÁKLON
MĚSÍC
TMA
OBÍHAT
SOLÁRNÍ
SLUNOVRAT
DALEKOHLED
VIDITELNÝ
ZVĚROKRUH

93 - Jazz

```
O H T Z S U T Ý R E Z Í L S B
B U I M P R O V I Z A C E Ý S
L D U I Y A H O R O G I H N T
Í B C M R R O N S R R B T V L
B A C S Ě S E Z C D Ů R A Z
E K B N K L Y T S H B S E L S
N I O D T L E D C E O Y C S L
É N Ž H Z T A C R S G Y N F M
L H X Á H M R D I T P H O F Z
M C P D N F Y G A R U W K Y V
Ň E S Í P R T K T T N E L A T
Y T N A T J M G U Z E R T Y B
S T A R Ý M U B L A J L S T S
W V O A T V S S L O Ž E N Í A
M K J B J X I G Z C U Z I X C
```

UMĚLEC
ALBUM
PÍSEŇ
SLOŽENÍ
SKLADATEL
KONCERT
STYL
DŮRAZ
SLAVNÝ
OBLÍBENÉ

ŽÁNR
IMPROVIZACE
HUDBA
NOVÝ
ORCHESTR
RYTMUS
TALENT
BICÍ
TECHNIKA
STARÝ

94 - Mediciones

```
H P K K T P A E K D C B X M N
M A R G O L I K I E C N U G Y
O B C O B J E M L S E Y S D G
T F Z F M J N B O E L S V Z E
N Š S T U P E Ň M T A N W J W
O S Í V H A B L E I P V H W P
S X I Ř W M K D T N P I N T A
T N L A K Š Ý V R N E Z Y V T
J P F R U A O F Z Ý G R K Y U
V O F S I N D A F X G M B V N
I W C E N T I M E T R T I L I
B G G D T N M N A K L É D N M
T A K B U O L H V R T E M D J
U P J T Ó N R C K R G K Z J X
N G W T Y P G R B U Y V F G W
```

VÝŠKA
ŠÍŘKA
BAJT
CENTIMETR
DESETINNÝ
STUPEŇ
GRAM
KILOGRAM
KILOMETR
LITR

DÉLKA
METR
MINUTA
UNCE
HMOTNOST
PINTA
HLOUBKA
PALEC
TÓN
OBJEM

95 - Barcos

```
G C M Z N I G I H M J K C E Z
N O R L A K D Á S O P Á D F U
Á Á R P E O O U U T U N S D K
E M M M A H Y L L O Z O J B X
C Z U O T K E J A R T E E H W
O P L R Ř N D S Z Á Y V G X H
E F X E Y N O N N Ž M I O Y Y
P V K Z D F Í A K O O L A R T
V L B E R T Z K J T Ř Í T L P
K A B J C H V Z B S E Ř H X P
B D M M V L N Y Ó C P P C V H
O K O T V A N U J Ř E K A M D
S N D R B R N O E E T V J I K
K K A J A K N Á M O Ř N Í O O
W A P L A C H E T N I C E B A
```

KOTVA
VOR
BÓJE
KÁNOE
LANO
TRAJEKT
KAJAK
JEZERO
MOŘE
PŘÍLIV

NÁMOŘNÍK
STOŽÁR
MOTOR
NÁMOŘNÍ
OCEÁN
VLNY
ŘEKA
POSÁDKA
PLACHETNICE
JACHTA

96 - Antártida

```
P M R A K Y F A N E M O H V I
E E M D V M A S D G K W P O V
I T M O P G T I W J C U H R Ý
E G K V E W O P C O D Ý O T Z
Z Á L I V X L Ě T N N K W S K
N M V O U E P M P T Á C I O U
M I G R A C E E K U R E D O M
L S U O M O T Z D C I D E L N
E K A Y I I S N R I D Ě T O Í
D A Y A F O N T V M C V U P K
O L B F A L W E R B X E Č I D
V N W I C E B S R O W E Ň L K
C A Z R R O I V Z Á V W Á H R
E T N E N I T N O K L Y C O O
J Ý Z A C H O V Á N Í Y I V L
```

VODA
ZÁLIV
VĚDECKÝ
ZACHOVÁNÍ
KONTINENT
EXPEDICE
ZEMĚPIS
LEDOVCE
LED
VÝZKUMNÍK

OSTROVY
MIGRACE
MINERÁLY
MRAKY
PTÁCI
POLOOSTROV
TUČŇÁCI
SKALNATÝ
TEPLOTA

97 - Mamíferos

Z	U	N	S	S	V	T	N	N	O	L	U	J	N	Z
J	E	L	M	U	E	C	V	O	S	I	B	I	X	W
F	A	B	Y	R	L	E	V	L	E	Š	U	K	Ý	B
C	G	T	R	P	B	H	N	S	L	K	V	R	D	E
O	O	E	K	A	L	G	Í	A	N	A	Y	Á	D	E
T	R	R	Y	K	O	Y	F	A	F	I	H	L	A	F
T	I	H	J	Č	U	K	L	O	K	A	N	Í	K	D
E	L	V	H	O	D	L	E	L	H	I	R	K	Ů	H
Z	A	T	U	K	Ě	V	D	P	N	I	R	I	Ň	B
K	O	J	O	T	V	P	J	S	X	C	Y	C	Ž	D
N	N	F	B	F	D	O	P	I	C	E	K	N	Y	L
F	S	T	A	R	E	O	D	R	T	L	W	B	P	E
G	Z	A	D	K	M	B	Z	P	V	H	S	P	I	D
C	D	H	D	E	U	S	Z	O	Y	F	L	D	C	S
P	E	S	K	Y	I	T	I	K	F	F	O	P	X	U

VELRYBA   KOČKA
OSEL   GORILA
KŮŇ   ŽIRAFA
VELBLOUD   VLK
KLOKAN   OPICE
ZEBRA   MEDVĚD
KRÁLÍK   OVCE
KOJOT   PES
DELFÍN   BÝK
SLON   LIŠKA

98 - Boxeo

R	O	Z	H	O	D	Č	Í	D	Z	F	V	P	X	H
Z	O	T	A	V	E	N	Í	O	V	B	O	U	U	U
D	T	E	K	O	L	Z	O	V	O	B	U	R	G	T
X	P	S	O	U	P	E	Ř	E	N	J	O	B	N	X
X	W	P	Ě	S	P	O	Z	D	E	P	L	D	J	Z
O	N	T	R	P	Z	V	K	N	K	E	Ě	O	Y	I
V	L	X	Y	M	H	T	Í	O	K	C	T	C	E	H
Y	D	T	W	D	Ý	W	N	S	L	I	E	O	W	N
Č	V	K	S	Í	L	A	V	T	K	V	S	W	K	N
E	X	H	W	V	H	N	O	Z	R	A	N	Ě	N	Í
R	X	Y	I	P	C	A	J	H	J	K	Z	P	F	E
P	F	T	K	C	Y	L	O	R	Z	U	Z	Y	N	B
A	V	O	V	W	R	X	B	O	S	R	F	T	M	B
N	O	H	N	I	S	K	O	H	Z	T	G	E	L	J
Ý	C	J	R	O	H	B	R	A	D	A	C	K	T	I

ROZHODČÍ
BRADA
ZVONEK
OHNISKO
LOKET
LANA
TĚLO
ROH
VYČERPANÝ
SÍLA

RUKAVICE
DOVEDNOST
ZRANĚNÍ
BOJOVNÍK
SOUPEŘ
KOP
BODY
PĚST
RYCHLÝ
ZOTAVENÍ

99 - Abejas

```
B G O M X J P J Z M V A N O O
P Y L Ú B M F Ř K O H N R X P
V U D L Y A W U Í W H X M W Y
R P L J M E A O L Z Y M H K L
E O J Í D L O K I D N A A V O
B W Z G H M Y Z A I E I N Ě V
O S Z M É T S Y S O K E V T A
V H Y L A O U G D B S Z O Ý Č
O E U R A N I R B J O A L O V
C V M E V V I D D N V H Á Z N
E C N U L S W T X T D R R M G
K V Ě T I N Y R O U V A K E Z
R O S T L I N Y O S D D H D Z
K Ř Í D L A O R T J T A U J Y
J L G X G H W A V L S R D B R
```

KŘÍDLA
PŘÍZNIVÝ
VOSK
ÚL
JÍDLO
ROZMANITOST
EKOSYSTÉM
ROJ
KVĚT
KVĚTINY

OVOCE
KOUŘ
HMYZ
ZAHRADA
MED
ROSTLINY
PYL
OPYLOVAČ
KRÁLOVNA
SLUNCE

100 - Psicología

M	É	L	B	O	R	P	P	P	C	X	P	B	B	T
P	Y	D	A	P	Á	N	V	N	E	F	O	T	T	O
P	O	Š	M	V	Z	V	O	N	S	I	Z	K	L	E
O	U	S	L	K	N	B	Ý	K	C	I	N	I	L	K
C	K	N	O	E	G	N	P	V	Z	N	Á	C	A	L
I	N	H	E	U	N	N	H	Z	O	B	N	N	I	L
T	T	V	L	E	Z	K	P	I	E	K	Í	D	J	Ý
K	S	C	D	C	O	E	Y	E	M	O	C	E	G	M
K	O	Z	U	V	Y	Í	N	Á	V	O	H	C	U	O
I	N	N	V	G	W	U	S	Í	V	T	S	T	Ě	D
X	B	Z	F	V	N	Í	M	Á	N	Í	J	C	R	Ě
S	O	W	L	L	J	M	E	N	O	V	Á	N	Í	V
Y	S	V	A	T	I	L	A	E	R	O	V	W	A	E
S	O	P	J	V	X	K	H	I	F	L	B	W	Y	N
T	E	R	A	P	I	E	T	R	E	G	O	J	O	O

JMENOVÁNÍ
KLINICKÝ
POZNÁNÍ
CHOVÁNÍ
KONFLIKT
EGO
EMOCE
POSOUZENÍ
NÁPADY
NEVĚDOMÝ

DĚTSTVÍ
MYŠLENKY
VNÍMÁNÍ
OSOBNOST
PROBLÉM
REALITA
POCIT
SNY
TERAPIE

1 - Arqueología

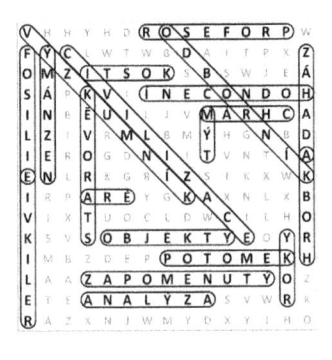

2 - Granja #2

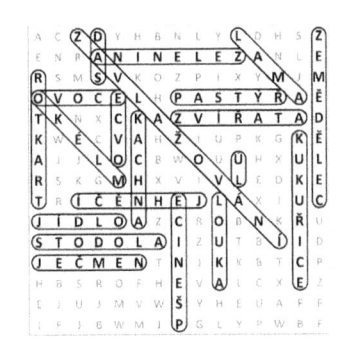

3 - La Empresa

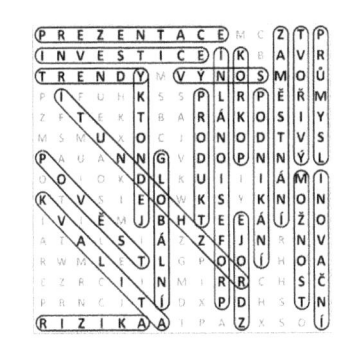

4 - Aviones

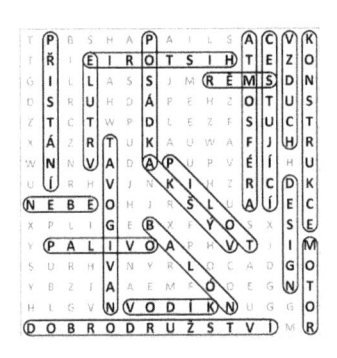

5 - Tipos de Cabello

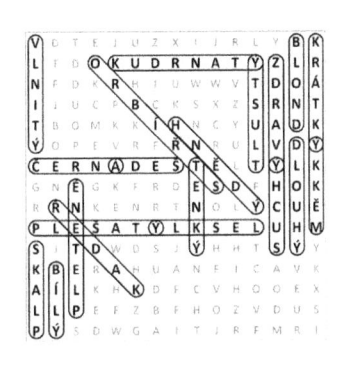

6 - Ética

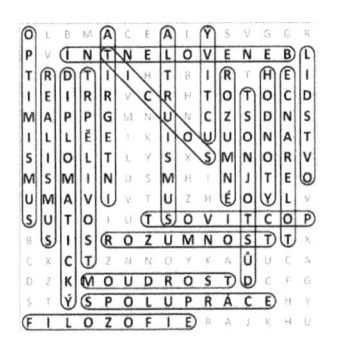

7 - Ciencia Ficción

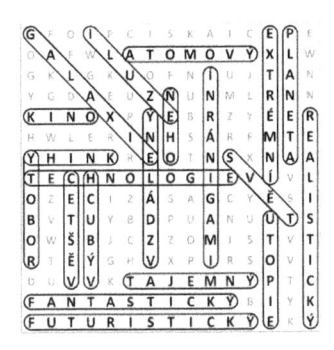

8 - Granja #1

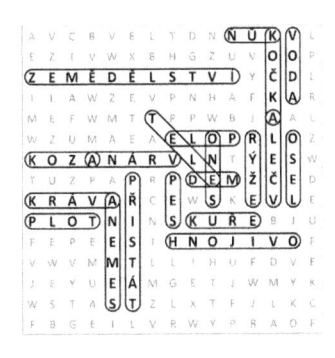

9 - Camping

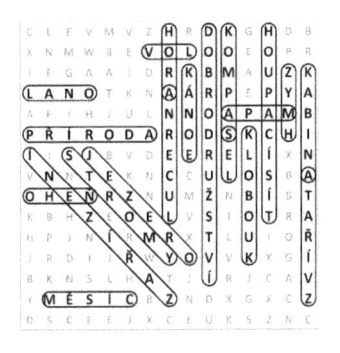

10 - Fruta

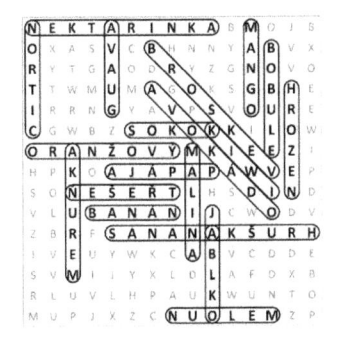

11 - Geología

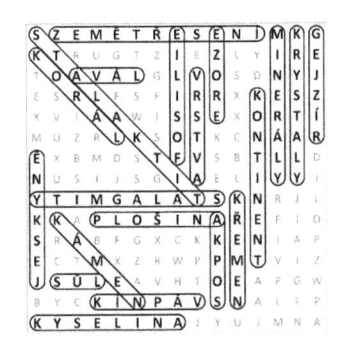

12 - Álgebra

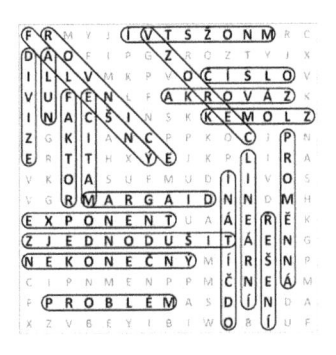

13 - Plantas

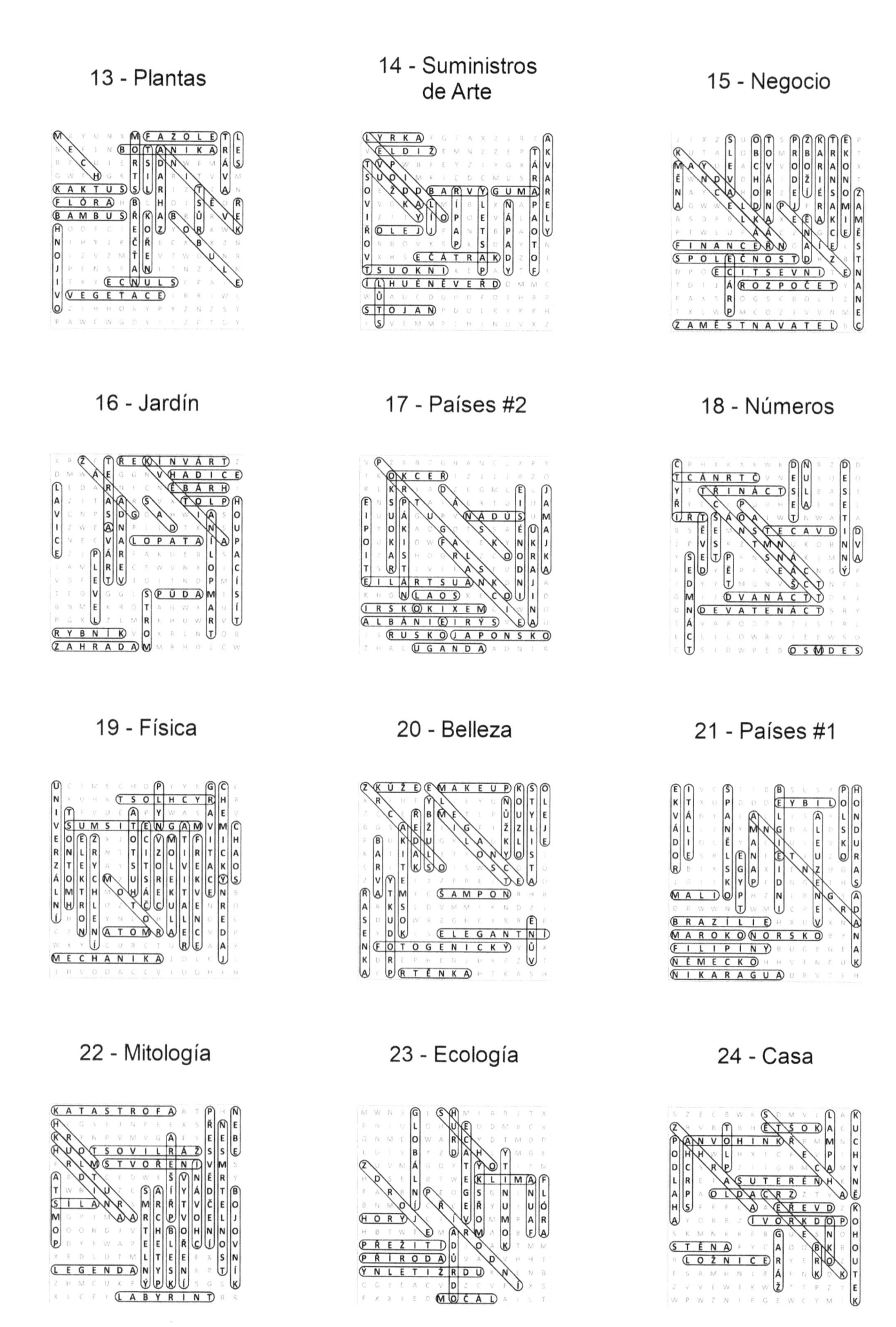

14 - Suministros de Arte

15 - Negocio

16 - Jardín

17 - Países #2

18 - Números

19 - Física

20 - Belleza

21 - Países #1

22 - Mitología

23 - Ecología

24 - Casa

25 - Salud y Bienestar #2

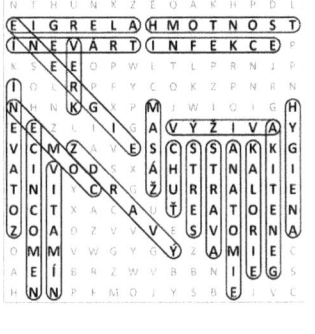

26 - Selva Tropical

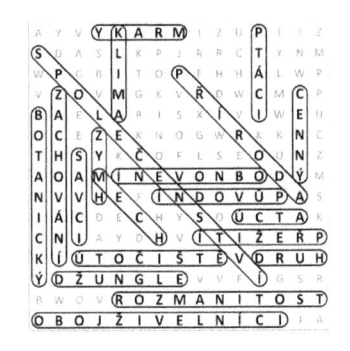

27 - Adjetivos #1

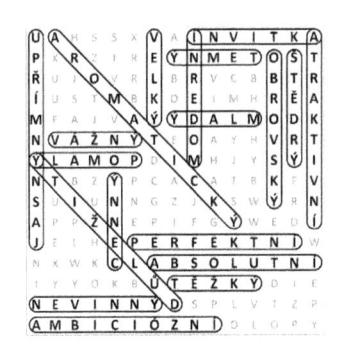

28 - Familia

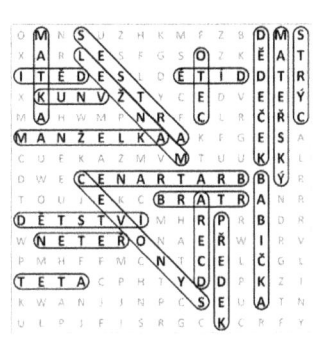

29 - Disciplinas Científicas

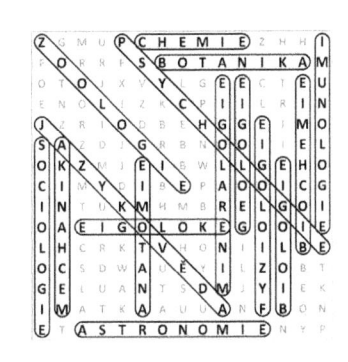

30 - Cocina

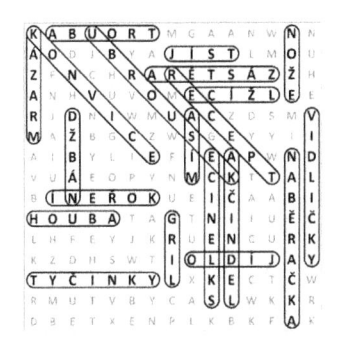

31 - Salud y Bienestar #1

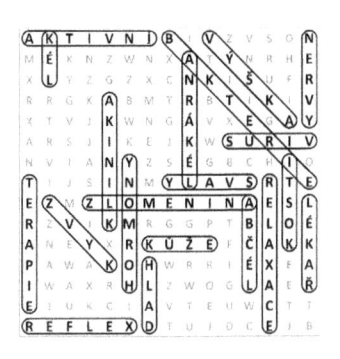

32 - Adjetivos #2

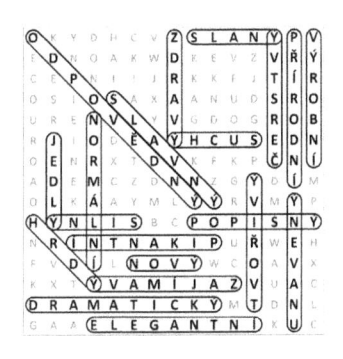

33 - Cuerpo Humano

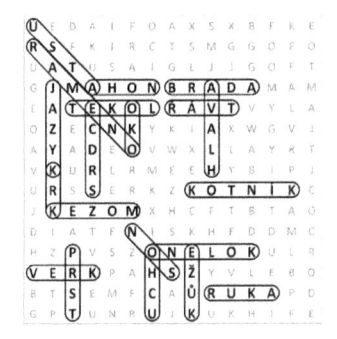

34 - Calentamiento Gl

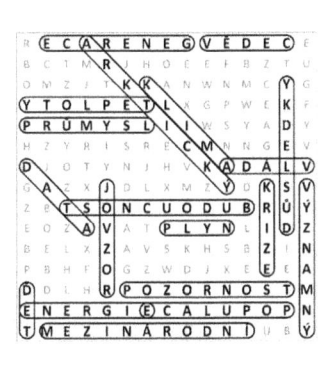

35 - Ciencia

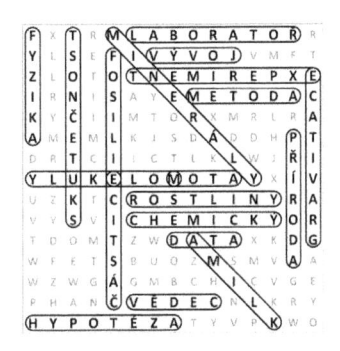

36 - Restaurante #2

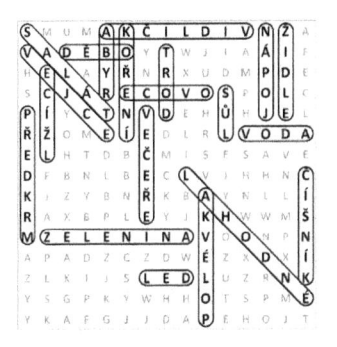

37 - Profesiones #1

38 - Vehículos

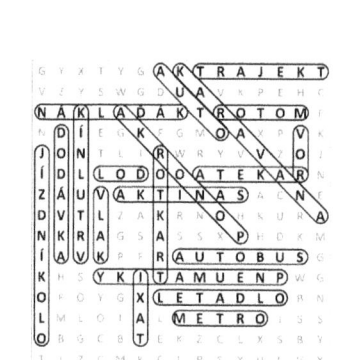

39 - Geometría

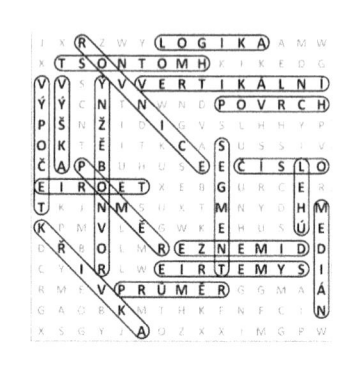

40 - Vacaciones #2

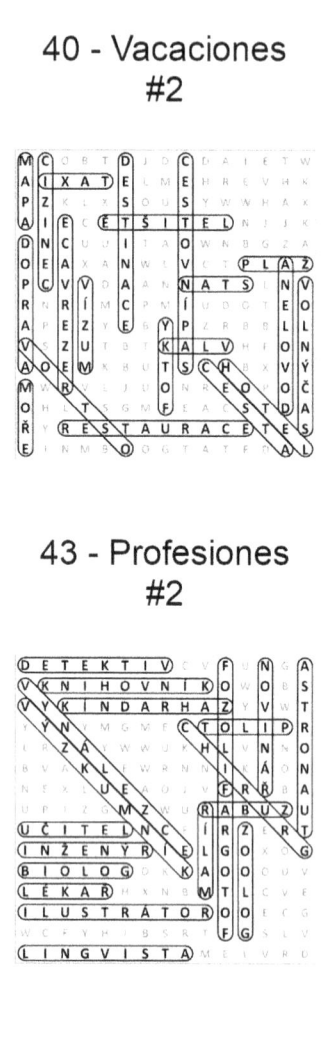

41 - Matemáticas

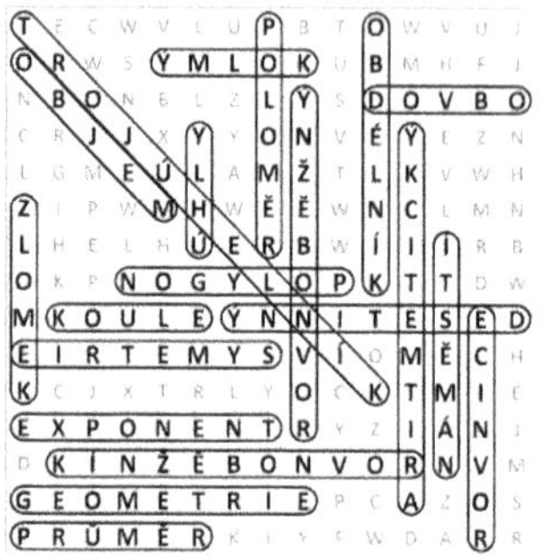

42 - Restaurante #1

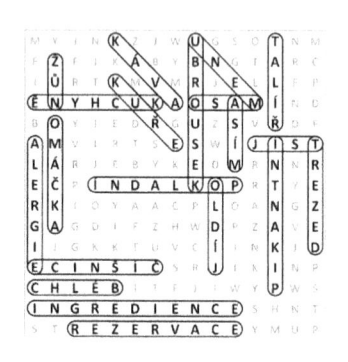

43 - Profesiones #2

44 - Senderismo

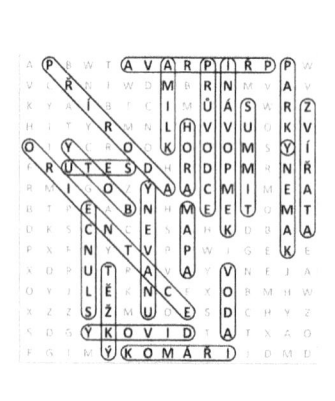

45 - Naturaleza

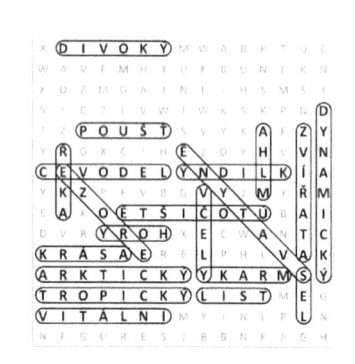

46 - Conduciendo

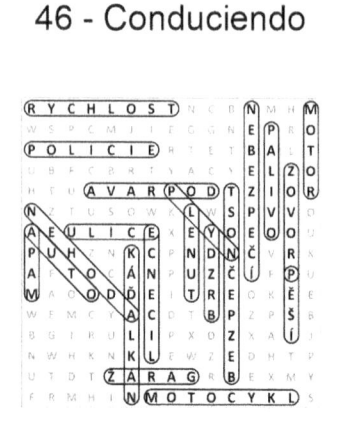

47 - Ballet

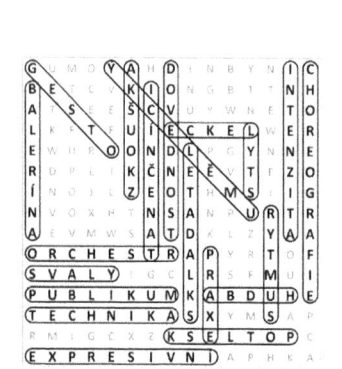

48 - Fuerza y Gravedad

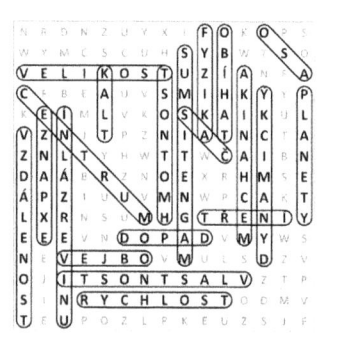

49 - Aventura

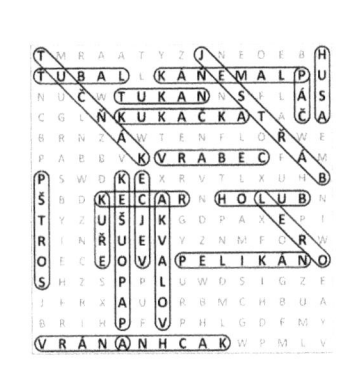

50 - Pájaros

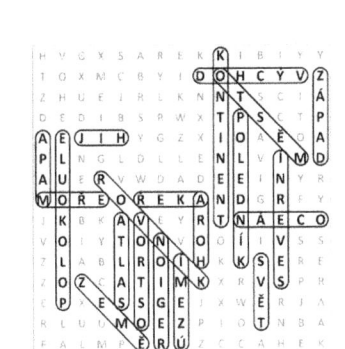

51 - Geografía

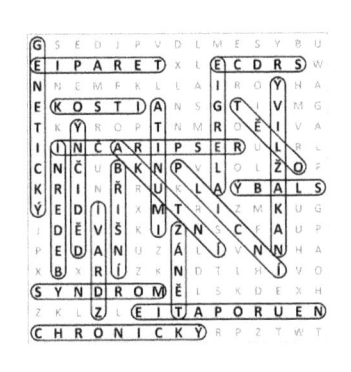

52 - Música

53 - Enfermedad

54 - Actividades

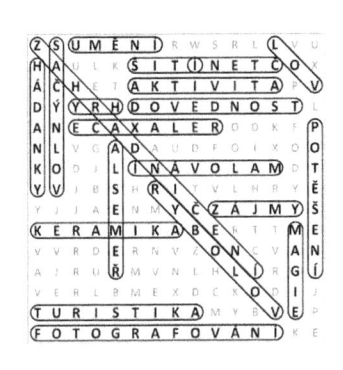

55 - Verduras

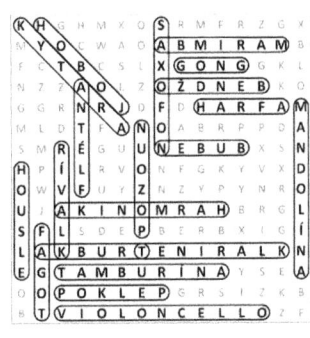

56 - Instrumentos Musicales

57 - Formas

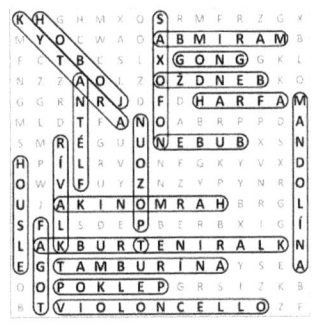

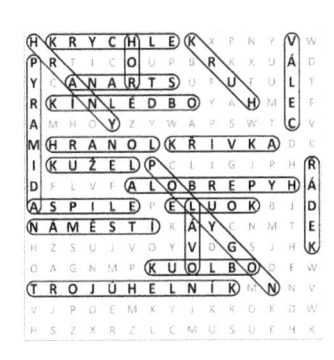

58 - Flores

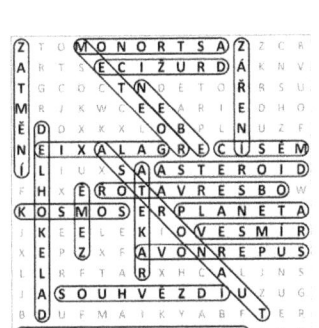

59 - Astronomía

60 - Tiempo

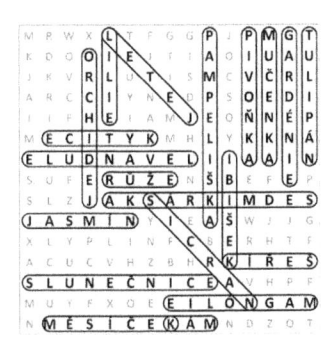

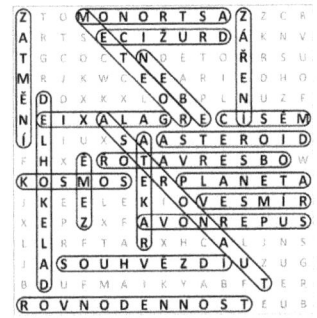

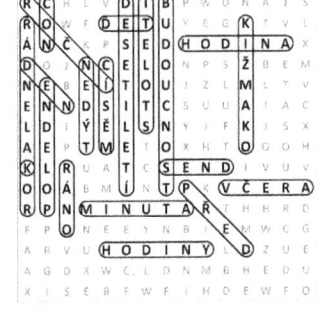

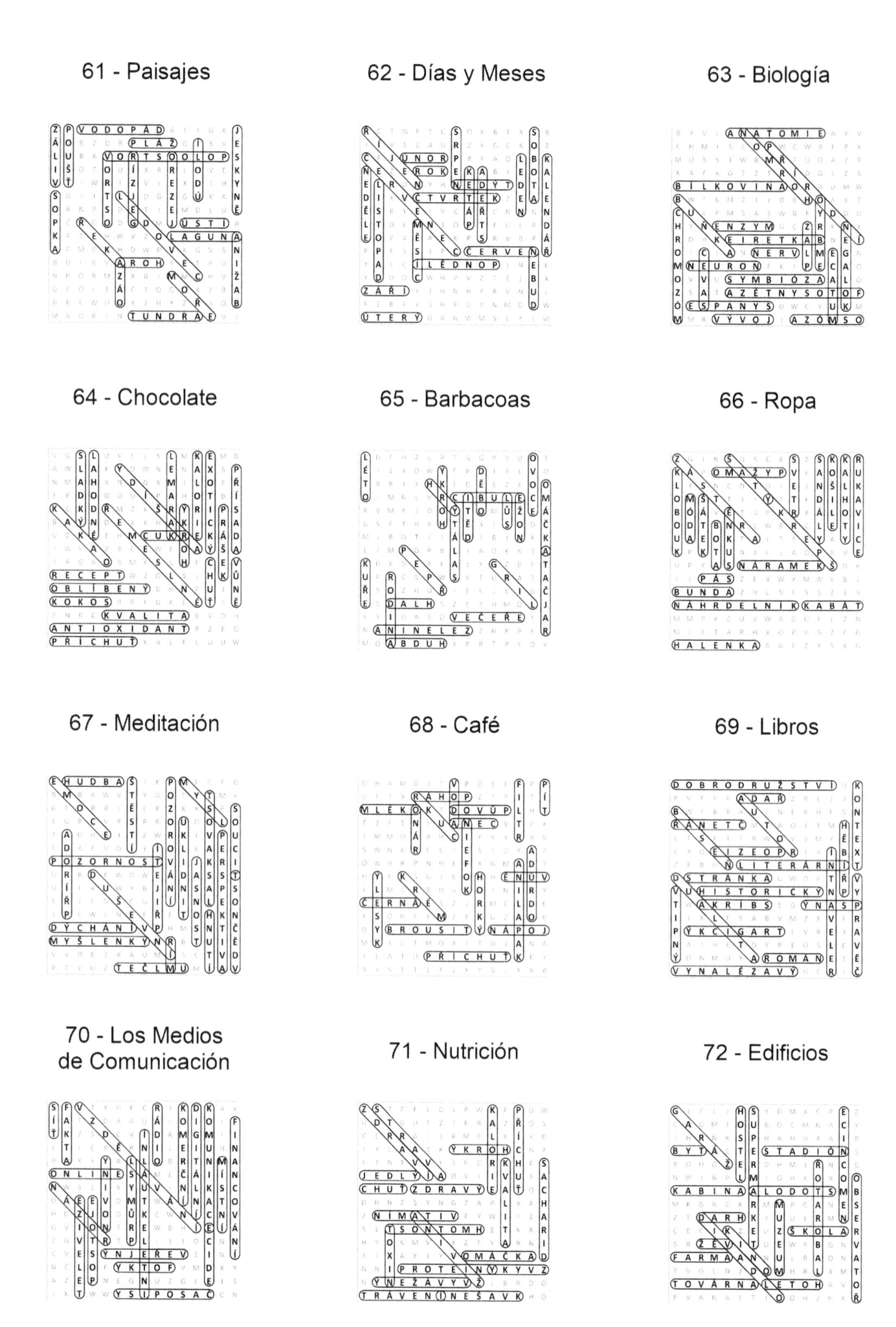

61 - Paisajes
62 - Días y Meses
63 - Biología
64 - Chocolate
65 - Barbacoas
66 - Ropa
67 - Meditación
68 - Café
69 - Libros
70 - Los Medios de Comunicación
71 - Nutrición
72 - Edificios

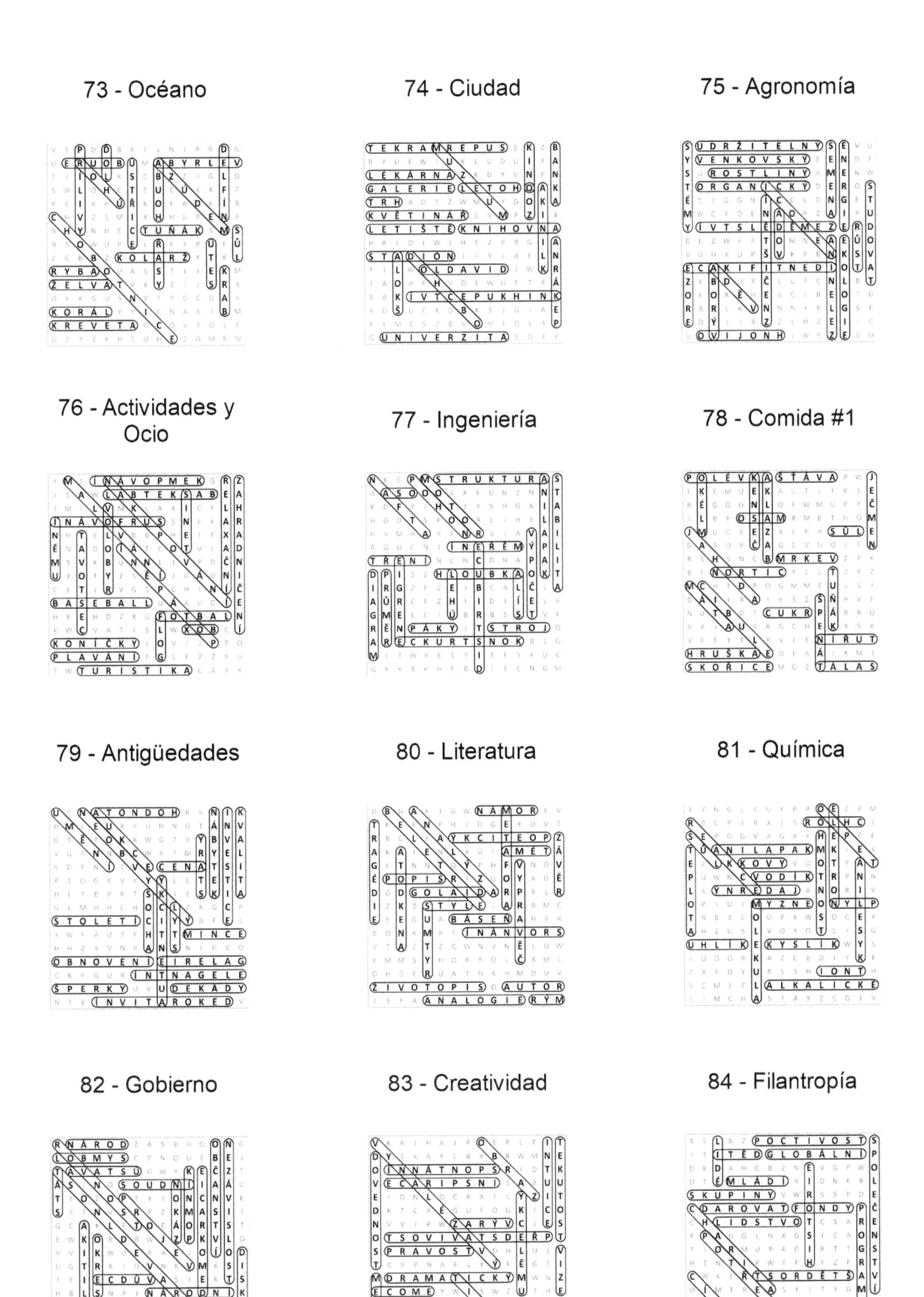

73 - Océano
74 - Ciudad
75 - Agronomía
76 - Actividades y Ocio
77 - Ingeniería
78 - Comida #1
79 - Antigüedades
80 - Literatura
81 - Química
82 - Gobierno
83 - Creatividad
84 - Filantropía

85 - Comida #2

86 - Arte

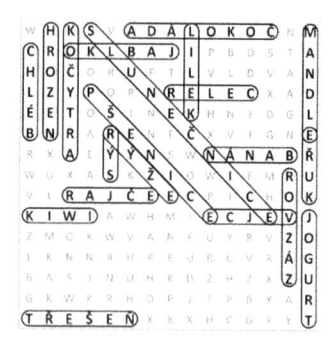

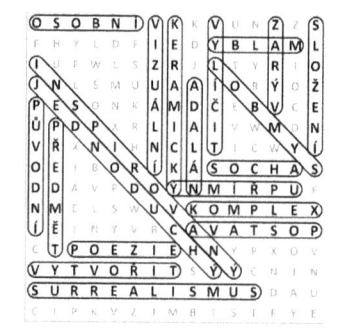

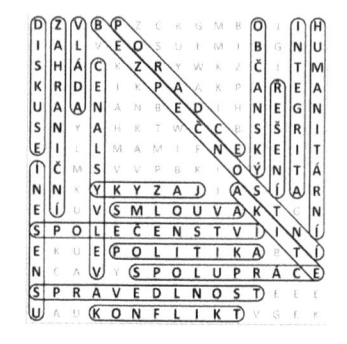

87 - Diplomacia

88 - Herboristería

89 - Energía

90 - Especias

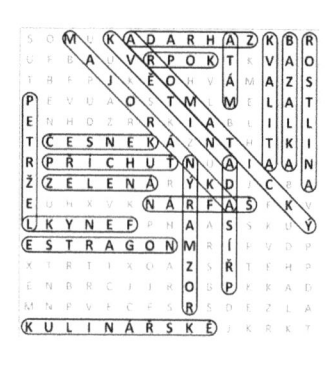

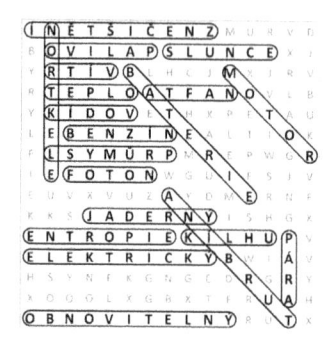

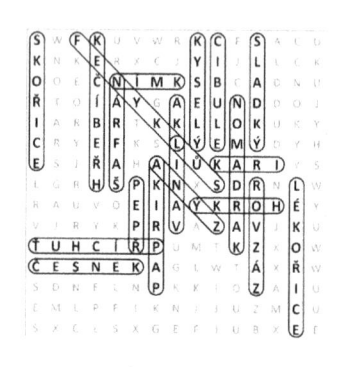

91 - Emociones

92 - Universo

93 - Jazz

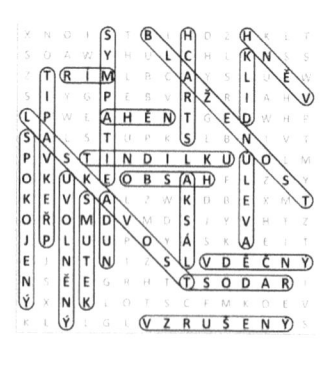

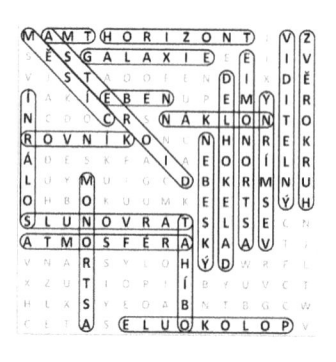

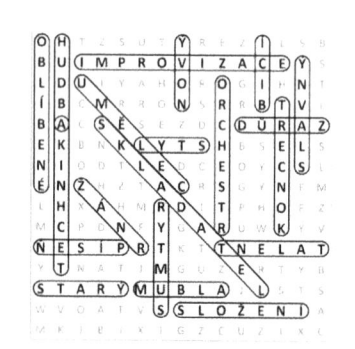

94 - Mediciones

95 - Barcos

96 - Antártida

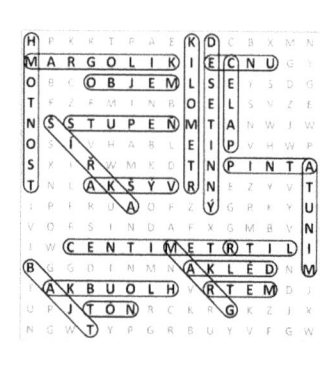

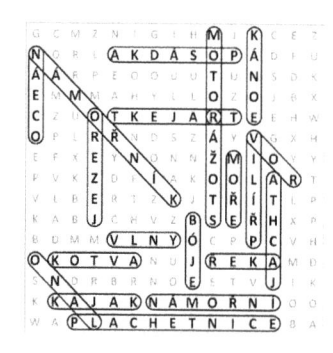

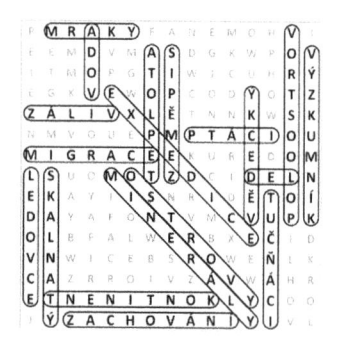

97 - Mamíferos

98 - Boxeo

99 - Abejas

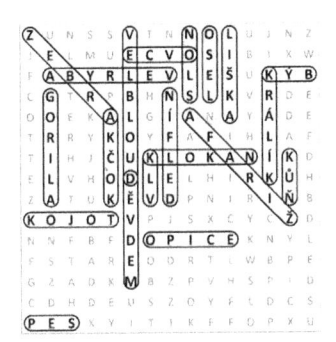

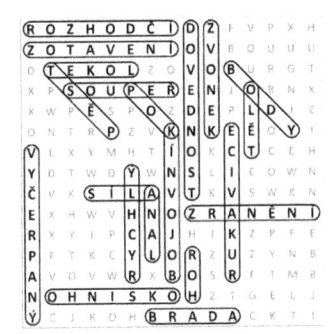

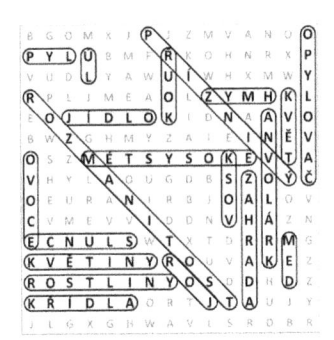

100 - Psicología

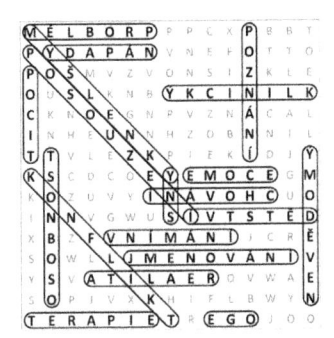

Diccionario

Abejas
Včely

Alas	Křídla
Beneficioso	Příznivý
Cera	Vosk
Colmena	Úl
Comida	Jídlo
Diversidad	Rozmanitost
Ecosistema	Ekosystém
Enjambre	Roj
Flor	Květ
Flores	Květiny
Fruta	Ovoce
Humo	Kouř
Insecto	Hmyz
Jardín	Zahrada
Miel	Med
Plantas	Rostliny
Polen	Pyl
Polinizador	Opylovač
Reina	Královna
Sol	Slunce

Actividades
Aktivity

Actividad	Aktivita
Arte	Umění
Artesanía	Řemesla
Caza	Lov
Cerámica	Keramika
Costura	Šití
Fotografía	Fotografování
Habilidad	Dovednost
Intereses	Zájmy
Jardinería	Zahradničení
Juegos	Hry
Lectura	Čtení
Magia	Magie
Ocio	Volný Čas
Pesca	Rybolov
Pintura	Malování
Placer	Potěšení
Relajación	Relaxace
Rompecabezas	Hádanky
Senderismo	Turistika

Actividades y Ocio
Aktivity a Volný Čas

Aficiones	Koníčky
Arte	Umění
Baloncesto	Basketbal
Béisbol	Baseball
Boxeo	Box
Buceo	Potápění
Camping	Kempování
Compras	Nakupování
Fútbol	Fotbal
Golf	Golf
Jardinería	Zahradničení
Natación	Plavání
Pesca	Rybolov
Pintura	Malování
Relajante	Relaxační
Senderismo	Turistika
Surf	Surfování
Tenis	Tenis
Viaje	Cestovat
Voleibol	Volejbal

Adjetivos #1
Přídavná Jména #1

Absoluto	Absolutní
Activo	Aktivní
Ambicioso	Ambiciózní
Aromático	Aromatický
Atractivo	Atraktivní
Brillante	Jasný
Enorme	Obrovský
Generoso	Štědrý
Grande	Velký
Honesto	Upřímný
Importante	Důležitý
Inocente	Nevinný
Joven	Mladý
Lento	Pomalý
Moderno	Moderní
Oscuro	Temný
Perfecto	Perfektní
Pesado	Těžký
Serio	Vážný
Valioso	Cenný

Adjetivos #2
Přídavná Jména #2

Cansado	Unavený
Comestible	Jedlý
Creativo	Tvořivý
Descriptivo	Popisný
Dramático	Dramatický
Elegante	Elegantní
Famoso	Slavný
Fresco	Čerstvý
Fuerte	Silný
Interesante	Zajímavý
Natural	Přírodní
Normal	Normální
Nuevo	Nový
Orgulloso	Hrdý
Picante	Pikantní
Productivo	Výrobní
Responsable	Odpovědný
Salado	Slaný
Saludable	Zdravý
Seco	Suchý

Agronomía
Agronomie

Agricultura	Zemědělství
Agua	Voda
Ciencia	Věda
Contaminación	Znečištění
Crecimiento	Růst
Ecología	Ekologie
Energía	Energie
Enfermedades	Nemoci
Erosión	Eroze
Estudio	Studovat
Fertilizante	Hnojivo
Identificación	Identifikace
Orgánico	Organický
Plantas	Rostliny
Producción	Výroba
Rural	Venkovský
Semillas	Semena
Sistemas	Systémy
Sostenible	Udržitelný
Verduras	Zelenina

Antártida
Antarktida

Agua	Voda
Bahía	Záliv
Científico	Vědecký
Conservación	Zachování
Continente	Kontinent
Expedición	Expedice
Geografía	Zeměpis
Glaciares	Ledovce
Hielo	Led
Investigador	Výzkumník
Islas	Ostrovy
Migración	Migrace
Minerales	Minerály
Nubes	Mraky
Pájaros	Ptáci
Península	Poloostrov
Pingüinos	Tučňáci
Rocoso	Skalnatý
Temperatura	Teplota
Topografía	Topografie

Antigüedades
Starožitnosti

Arte	Umění
Auténtico	Autentický
Calidad	Kvalita
Decorativo	Dekorativní
Décadas	Dekády
Elegante	Elegantní
Escultura	Socha
Estilo	Styl
Galería	Galerie
Inusual	Neobvyklý
Inversión	Investice
Joyas	Šperky
Monedas	Mince
Mueble	Nábytek
Precio	Cena
Restauración	Obnovení
Siglo	Století
Subasta	Aukce
Valor	Hodnota
Viejo	Starý

Arqueología
Archeologie

Análisis	Analýza
Antigüedad	Starověk
Años	Roky
Civilización	Civilizace
Descendiente	Potomek
Desconocido	Neznámý
Equipo	Tým
Era	Éra
Evaluación	Hodnocení
Experto	Odborník
Fósil	Fosilie
Huesos	Kosti
Investigador	Výzkumník
Misterio	Záhada
Objetos	Objekty
Olvidado	Zapomenutý
Profesor	Profesor
Reliquia	Relikvie
Templo	Chrám
Tumba	Hrobka

Arte
Umění

Cerámica	Keramický
Complejo	Komplex
Composición	Složení
Crear	Vytvořit
Escultura	Socha
Expresión	Výraz
Figura	Postava
Honesto	Upřímný
Humor	Nálada
Inspirado	Inspirovaný
Original	Původní
Personal	Osobní
Pinturas	Malby
Poesía	Poezie
Retratar	Vylíčit
Sencillo	Jednoduchý
Símbolo	Symbol
Surrealismo	Surrealismus
Tema	Předmět
Visual	Vizuální

Astronomía
Astronomie

Asteroide	Asteroid
Astronauta	Astronaut
Astrónomo	Astronom
Cielo	Nebe
Cohete	Raketa
Constelación	Souhvězdí
Cosmos	Kosmos
Eclipse	Zatmění
Equinoccio	Rovnodennost
Galaxia	Galaxie
Luna	Měsíc
Meteoro	Meteor
Observatorio	Observatoř
Planeta	Planeta
Radiación	Záření
Satélite	Družice
Supernova	Supernova
Telescopio	Dalekohled
Tierra	Země
Universo	Vesmír

Aventura
Dobrodružství

Actividad	Aktivita
Alegría	Radost
Amigos	Přátelé
Belleza	Krása
Destino	Destinace
Dificultad	Obtížnost
Entusiasmo	Nadšení
Excursión	Výlet
Inusual	Neobvyklý
Itinerario	Itinerář
Naturaleza	Příroda
Navegación	Navigace
Nuevo	Nový
Oportunidad	Šance
Peligroso	Nebezpečný
Preparación	Příprava
Seguridad	Bezpečnost
Sorprendente	Překvapivý
Valentía	Statečnost
Viajes	Cestuje

Aviones
Letadla

Aire	Vzduch
Altura	Výška
Aterrizaje	Přistání
Atmósfera	Atmosféra
Aventura	Dobrodružství
Cielo	Nebe
Combustible	Palivo
Construcción	Konstrukce
Dirección	Směr
Diseño	Design
Globo	Balón
Hélices	Vrtule
Hidrógeno	Vodík
Historia	Historie
Motor	Motor
Navegar	Navigovat
Pasajero	Cestující
Piloto	Pilot
Tripulación	Posádka
Turbulencia	Turbulence

Álgebra
Algebry

Cantidad	Množství
Cero	Nula
Diagrama	Diagram
División	Divize
Ecuación	Rovnice
Exponente	Exponent
Factor	Faktor
Falso	Falešný
Fórmula	Vzorec
Fracción	Zlomek
Infinito	Nekonečný
Lineal	Lineární
Matriz	Matice
Número	Číslo
Paréntesis	Závorka
Problema	Problém
Resta	Odčítání
Simplificar	Zjednodušit
Solución	Řešení
Variable	Proměnná

Ballet
Baletu

Aplauso	Potlesk
Artístico	Umělecký
Audiencia	Publikum
Bailarina	Balerína
Bailarines	Tanečníci
Compositor	Skladatel
Coreografía	Choreografie
Ensayo	Zkouška
Estilo	Styl
Expresivo	Expresivní
Gesto	Gesto
Habilidad	Dovednost
Intensidad	Intenzita
Lecciones	Lekce
Músculos	Svaly
Música	Hudba
Orquesta	Orchestr
Práctica	Praxe
Ritmo	Rytmus
Técnica	Technika

Barbacoas
Grilování

Almuerzo	Oběd
Caliente	Horký
Cebollas	Cibule
Cena	Večeře
Cuchillos	Nože
Ensaladas	Saláty
Familia	Rodina
Fruta	Ovoce
Hambre	Hlad
Juegos	Hry
Música	Hudba
Niños	Děti
Parrilla	Gril
Pimienta	Pepř
Pollo	Kuře
Sal	Sůl
Salsa	Omáčka
Tomates	Rajčata
Verano	Léto
Verduras	Zelenina

Barcos
Lodě

Ancla	Kotva
Balsa	Vor
Boya	Bóje
Canoa	Kánoe
Cuerda	Lano
Ferry	Trajekt
Kayak	Kajak
Lago	Jezero
Mar	Moře
Marea	Příliv
Marinero	Námořník
Mástil	Stožár
Motor	Motor
Náutico	Námořní
Océano	Oceán
Olas	Vlny
Río	Řeka
Tripulación	Posádka
Velero	Plachetnice
Yate	Jachta

Belleza
Krása

Aceites	Oleje
Champú	Šampon
Color	Barva
Cosméticos	Kosmetika
Elegancia	Elegance
Elegante	Elegantní
Encanto	Kouzlo
Espejo	Zrcadlo
Estilista	Stylista
Fotogénico	Fotogenický
Fragancia	Vůně
Gracia	Milost
Maquillaje	Makeup
Piel	Kůže
Pintalabios	Rtěnka
Productos	Produkty
Rizos	Kadeř
Rímel	Řasenka
Servicios	Služby
Tijeras	Nůžky

Biología
Biologie

Anatomía	Anatomie
Bacterias	Bakterie
Celda	Buňka
Colágeno	Kolagen
Cromosoma	Chromozóm
Embrión	Embryo
Enzima	Enzym
Evolución	Vývoj
Fotosíntesis	Fotosyntéza
Hormona	Hormon
Mamífero	Savec
Mutación	Mutace
Natural	Přírodní
Nervio	Nerv
Neurona	Neuron
Ósmosis	Osmóza
Proteína	Bílkovina
Reptil	Plaz
Simbiosis	Symbióza
Sinapsis	Synapse

Boxeo
Boxování

Árbitro	Rozhodčí
Barbilla	Brada
Campana	Zvonek
Centrar	Ohnisko
Codo	Loket
Cuerdas	Lana
Cuerpo	Tělo
Esquina	Roh
Exhausto	Vyčerpaný
Fuerza	Síla
Guantes	Rukavice
Habilidad	Dovednost
Lesiones	Zranění
Luchador	Bojovník
Oponente	Soupeř
Patear	Kop
Puntos	Body
Puño	Pěst
Rápido	Rychlý
Recuperación	Zotavení

Café
Káva

Agua	Voda
Amargo	Horký
Aroma	Vůně
Azúcar	Cukr
Ácido	Kyselý
Beber	Pít
Bebida	Nápoj
Cafeína	Kofein
Crema	Krém
Filtro	Filtr
Leche	Mléko
Líquido	Kapalina
Mañana	Ráno
Moler	Brousit
Negro	Černá
Origen	Původ
Precio	Cena
Sabor	Příchuť
Taza	Pohár
Variedad	Odrůda

Calentamiento Global
Globální Oteplování

Ahora	Teď
Atención	Pozornost
Ártico	Arktický
Científico	Vědec
Clima	Klima
Consecuencias	Důsledky
Crisis	Krize
Datos	Data
Desarrollo	Rozvoj
Energía	Energie
Futuro	Budoucnost
Gas	Plyn
Generaciones	Generace
Gobierno	Vláda
Industria	Průmysl
Internacional	Mezinárodní
Legislación	Legislativa
Poblaciones	Populace
Significativo	Významný
Temperaturas	Teploty

Camping
Kempování

Animales	Zvířata
Aventura	Dobrodružství
Árboles	Stromy
Bosque	Les
Brújula	Kompas
Cabina	Kabina
Canoa	Kánoe
Caza	Lov
Cuerda	Lano
Equipo	Zařízení
Fuego	Oheň
Hamaca	Houpací Sít
Insecto	Hmyz
Lago	Jezero
Linterna	Lucerna
Luna	Měsíc
Mapa	Mapa
Montaña	Hora
Naturaleza	Příroda
Sombrero	Klobouk

Casa
Dům

Alfombra	Koberec
Ático	Podkroví
Biblioteca	Knihovna
Chimenea	Krb
Cocina	Kuchyně
Dormitorio	Ložnice
Ducha	Sprcha
Escoba	Koště
Espejo	Zrcadlo
Garaje	Garáž
Grifo	Kohoutek
Jardín	Zahrada
Lámpara	Lampa
Pared	Stěna
Piso	Podlaha
Puerta	Dveře
Sótano	Suterén
Techo	Střecha
Valla	Plot
Ventana	Okno

Chocolate
Čokoláda

Amargo	Horký
Antioxidante	Antioxidant
Aroma	Vůně
Artesanal	Řemeslné
Azúcar	Cukr
Cacahuetes	Arašídy
Cacao	Kakao
Calidad	Kvalita
Calorías	Kalorie
Caramelo	Karamel
Coco	Kokos
Delicioso	Lahodné
Dulce	Sladký
Exótico	Exotický
Favorito	Oblíbený
Gusto	Chuť
Ingrediente	Přísada
Polvo	Prášek
Receta	Recept
Sabor	Příchuť

Ciencia
Věda

Átomo	Atom
Científico	Vědec
Clima	Klima
Datos	Data
Evolución	Vývoj
Experimento	Experiment
Física	Fyzika
Fósil	Fosilie
Gravedad	Gravitace
Hecho	Skutečnost
Hipótesis	Hypotéza
Laboratorio	Laboratoř
Método	Metoda
Minerales	Minerály
Moléculas	Molekuly
Naturaleza	Příroda
Organismo	Organismus
Partículas	Částice
Plantas	Rostliny
Químico	Chemický

Ciencia Ficción
Science Fiction

Atómico	Atomový
Cine	Kino
Distante	Vzdálený
Explosión	Výbuch
Extremo	Extrémní
Fantástico	Fantastický
Fuego	Oheň
Futurista	Futuristický
Galaxia	Galaxie
Ilusión	Iluze
Imaginario	Imaginární
Libros	Knihy
Misterioso	Tajemný
Mundo	Svět
Oráculo	Věštec
Planeta	Planeta
Realista	Realistický
Robots	Roboty
Tecnología	Technologie
Utopía	Utopie

Ciudad
Městské

Aeropuerto	Letiště
Banco	Banka
Biblioteca	Knihovna
Cine	Kino
Clínica	Klinika
Escuela	Škola
Estadio	Stadión
Farmacia	Lékárna
Florista	Květinář
Galería	Galerie
Hotel	Hotel
Librería	Knihkupectví
Mercado	Trh
Museo	Muzeum
Panadería	Pekárna
Supermercado	Supermarket
Teatro	Divadlo
Tienda	Obchod
Universidad	Univerzita
Zoo	Zoo

Cocina
Kuchyně

Caldera	Konvice
Comer	Jíst
Comida	Jídlo
Congelador	Mrazák
Cucharas	Lžíce
Cucharón	Naběračka
Cuchillos	Nože
Delantal	Zástěra
Especias	Koření
Esponja	Houba
Horno	Trouba
Jarra	Džbán
Palillos	Tyčinky
Parrilla	Gril
Receta	Recept
Refrigerador	Lednička
Servilleta	Ubrousek
Tarro	Sklenice
Tazón	Mísa
Tenedores	Vidličky

Comida #1
Potraviny #1

Ajo	Česnek
Albahaca	Bazalka
Atún	Tuňák
Azúcar	Cukr
Canela	Skořice
Carne	Maso
Cebada	Ječmen
Cebolla	Cibule
Ensalada	Salát
Espinacas	Špenát
Fresa	Jahoda
Jugo	Šťáva
Leche	Mléko
Limón	Citron
Menta	Máta
Nabo	Tuřín
Pera	Hruška
Sal	Sůl
Sopa	Polévka
Zanahoria	Mrkev

Comida #2
Potraviny #2

Alcachofa	Artyčok
Almendra	Mandle
Apio	Celer
Arroz	Rýže
Berenjena	Lilek
Cereza	Třešeň
Chocolate	Čokoláda
Girasol	Slunečnice
Huevo	Vejce
Jengibre	Zázvor
Kiwi	Kiwi
Manzana	Jablko
Pan	Chléb
Plátano	Banán
Pollo	Kuře
Queso	Sýr
Tomate	Rajče
Trigo	Pšenice
Uva	Hrozen
Yogur	Jogurt

Conduciendo
Řízení

Accidente	Nehoda
Calle	Ulice
Camión	Náklaďák
Coche	Auto
Combustible	Palivo
Frenos	Brzdy
Garaje	Garáž
Gas	Plyn
Licencia	Licence
Mapa	Mapa
Motocicleta	Motocykl
Motor	Motor
Peatonal	Pěší
Peligro	Nebezpečí
Policía	Policie
Seguridad	Bezpečnost
Transporte	Doprava
Tráfico	Provoz
Túnel	Tunel
Velocidad	Rychlost

Creatividad
Kreativita

Artístico	Umělecký
Autenticidad	Pravost
Claridad	Jasnost
Dramático	Dramatický
Emociones	Emoce
Espontáneo	Spontánní
Expresión	Výraz
Fluidez	Tekutost
Habilidad	Dovednost
Ideas	Nápady
Imagen	Obraz
Imaginación	Představivost
Impresión	Dojem
Inspiración	Inspirace
Intensidad	Intenzita
Intuición	Intuice
Inventivo	Vynalézavý
Sensación	Pocit
Visiones	Vize
Vitalidad	Vitalita

Cuerpo Humano
Lidské Tělo

Barbilla	Brada
Boca	Ústa
Cabeza	Hlava
Cara	Tvář
Cerebro	Mozek
Codo	Loket
Corazón	Srdce
Cuello	Krk
Dedo	Prst
Hombro	Rameno
Lengua	Jazyk
Mano	Ruka
Nariz	Nos
Ojo	Oko
Oreja	Ucho
Piel	Kůže
Pierna	Noha
Rodilla	Koleno
Sangre	Krev
Tobillo	Kotník

Diplomacia
Diplomacie

Asesor	Poradce
Cívico	Občanský
Comunidad	Společenství
Conflicto	Konflikt
Cooperación	Spolupráce
Diplomático	Diplomatický
Discusión	Diskuse
Embajador	Velvyslanec
Extranjero	Zahraniční
Ética	Etika
Gobierno	Vláda
Humanitario	Humanitární
Idiomas	Jazyky
Integridad	Integrita
Justicia	Spravedlnost
Política	Politika
Resolución	Usnesení
Seguridad	Bezpečnostní
Solución	Řešení
Tratado	Smlouva

Disciplinas Científicas
Vědecké Disciplíny

Anatomía	Anatomie
Arqueología	Archeologie
Astronomía	Astronomie
Biología	Biologie
Bioquímica	Biochemie
Botánica	Botanika
Ecología	Ekologie
Fisiología	Fyziologie
Geología	Geologie
Inmunología	Imunologie
Lingüística	Jazykověda
Mecánica	Mechanika
Meteorología	Meteorologie
Mineralogía	Mineralogie
Neurología	Neurologie
Psicología	Psychologie
Química	Chemie
Sociología	Sociologie
Termodinámica	Termodynamika
Zoología	Zoologie

Días y Meses
Dny a Měsíce

Abril	Duben
Agosto	Srpen
Año	Rok
Calendario	Kalendář
Domingo	Neděle
Enero	Leden
Febrero	Únor
Jueves	Čtvrtek
Julio	Červenec
Junio	Červen
Lunes	Pondělí
Martes	Úterý
Mes	Měsíc
Miércoles	Středa
Noviembre	Listopad
Octubre	Říjen
Sábado	Sobota
Semana	Týden
Septiembre	Září
Viernes	Pátek

Ecología
Ekologie

Clima	Klima
Comunidades	Komunity
Diversidad	Rozmanitost
Especie	Druh
Fauna	Fauna
Flora	Flóra
Global	Globální
Marino	Mořský
Montañas	Hory
Natural	Přírodní
Naturaleza	Příroda
Pantano	Močál
Plantas	Rostliny
Recursos	Zdroje
Sequía	Sucho
Sostenible	Udržitelný
Supervivencia	Přežití
Variedad	Odrůda
Vegetación	Vegetace
Voluntarios	Dobrovolníci

Edificios
Budovy

Albergue	Hostel
Apartamento	Byt
Cabina	Kabina
Castillo	Hrad
Cine	Kino
Escuela	Škola
Estadio	Stadión
Fábrica	Továrna
Garaje	Garáž
Granero	Stodola
Granja	Farma
Hospital	Nemocnice
Hotel	Hotel
Laboratorio	Laboratoř
Museo	Muzeum
Observatorio	Observatoř
Supermercado	Supermarket
Teatro	Divadlo
Torre	Věž
Universidad	Univerzita

Emociones
Emoce

Aburrimiento	Nuda
Agradecido	Vděčný
Alegría	Radost
Alivio	Úleva
Amor	Láska
Beatitud	Blaženost
Bondad	Laskavost
Calma	Uklidnit
Contenido	Obsah
Emocionado	Vzrušený
Ira	Hněv
Miedo	Strach
Paz	Mír
Relajado	Uvolněný
Satisfecho	Spokojený
Simpatía	Sympatie
Sorpresa	Překvapit
Ternura	Něha
Tranquilidad	Klid
Tristeza	Smutek

Energía
Energie

Batería	Baterie
Calor	Teplo
Carbono	Uhlík
Combustible	Palivo
Contaminación	Znečištění
Diesel	Nafta
Electrón	Elektron
Eléctrico	Elektrický
Entropía	Entropie
Fotón	Foton
Gasolina	Benzín
Hidrógeno	Vodík
Industria	Průmysl
Motor	Motor
Nuclear	Jaderný
Renovable	Obnovitelný
Sol	Slunce
Turbina	Turbína
Vapor	Pára
Viento	Vítr

Enfermedad
Choroba

Abdominal	Břišní
Agudo	Akutní
Alergias	Alergie
Contagioso	Nakažlivý
Corazón	Srdce
Crónica	Chronický
Cuerpo	Tělo
Débil	Slabý
Genético	Genetický
Hereditario	Dědičný
Huesos	Kosti
Inflamación	Zánět
Inmunidad	Imunita
Lumbar	Bederní
Neuropatía	Neuropatie
Pulmonar	Plicní
Respiratorio	Respirační
Salud	Zdraví
Síndrome	Syndrom
Terapia	Terapie

Especias
Koření

Agrio	Kyselý
Ajo	Česnek
Amargo	Horký
Anís	Anýz
Azafrán	Šafrán
Canela	Skořice
Cardamomo	Kardamon
Cebolla	Cibule
Clavo	Hřebíček
Comino	Kmín
Curry	Kari
Dulce	Sladký
Hinojo	Fenykl
Jengibre	Zázvor
Pimentón	Paprika
Pimienta	Pepř
Regaliz	Lékořice
Sabor	Příchuť
Sal	Sůl
Vainilla	Vanilka

Ética
Etiky

Altruismo	Altruismus
Benevolente	Benevolentní
Bondad	Laskavost
Compasión	Soucit
Cooperación	Spolupráce
Dignidad	Důstojnost
Diplomático	Diplomatický
Filosofía	Filozofie
Honestidad	Poctivost
Humanidad	Lidstvo
Integridad	Integrita
Optimismo	Optimismus
Paciencia	Trpělivost
Racionalidad	Rozumnost
Razonable	Rozumné
Realismo	Realismus
Respetuoso	Uctivý
Sabiduría	Moudrost
Tolerancia	Tolerance
Valores	Hodnoty

Familia
Rodinná

Abuela	Babička
Abuelo	Dědeček
Antepasado	Předek
Esposa	Manželka
Hermana	Sestra
Hermano	Bratr
Hija	Dcera
Infancia	Dětství
Madre	Matka
Marido	Manžel
Materno	Mateřský
Nieto	Vnuk
Niño	Dítě
Niños	Děti
Padre	Otec
Primo	Bratranec
Sobrina	Neteř
Sobrino	Synovec
Tía	Teta
Tío	Strýc

Filantropía
Filantropie

Caridad	Charita
Comunidad	Společenství
Contactos	Kontakty
Donar	Darovat
Finanzas	Finance
Fondos	Fondy
Generosidad	Štědrost
Gente	Lidé
Global	Globální
Grupos	Skupiny
Historia	Historie
Honestidad	Poctivost
Humanidad	Lidstvo
Juventud	Mládí
Metas	Cíle
Misión	Mise
Necesitar	Potřeba
Niños	Děti
Programas	Programy
Público	Veřejný

Física
Fyzika

Aceleración	Zrychlení
Átomo	Atom
Caos	Chaos
Densidad	Hustota
Electrón	Elektron
Fórmula	Vzorec
Frecuencia	Frekvence
Gas	Plyn
Gravedad	Gravitace
Magnetismo	Magnetismus
Masa	Hmotnost
Mecánica	Mechanika
Molécula	Molekula
Motor	Motor
Nuclear	Jaderný
Partícula	Částice
Químico	Chemický
Relatividad	Relativita
Universal	Univerzální
Velocidad	Rychlost

Flores
Květiny

Amapola	Mák
Caléndula	Měsíček
Diente de León	Pampeliška
Gardenia	Gardénie
Girasol	Slunečnice
Hibisco	Ibišek
Jazmín	Jasmín
Lavanda	Levandule
Lila	Šeřík
Lirio	Lilie
Magnolia	Magnólie
Margarita	Sedmikráska
Narciso	Narcis
Orquídea	Orchidej
Pasionaria	Mučenka
Peonía	Pivoňka
Ramo	Kytice
Rosa	Růže
Trébol	Jetel
Tulipán	Tulipán

Formas
Obrazec

Arco	Oblouk
Bordes	Hrany
Cilindro	Válec
Círculo	Kruh
Cono	Kužel
Cuadrado	Náměstí
Cubo	Krychle
Curva	Křivka
Elipse	Elipsa
Esfera	Koule
Esquina	Roh
Hipérbola	Hyperbola
Lado	Strana
Línea	Řádek
Oval	Ovál
Pirámide	Pyramida
Polígono	Polygon
Prisma	Hranol
Rectángulo	Obdélník
Triángulo	Trojúhelník

Fruta
Ovoce

Aguacate	Avokádo
Albaricoque	Meruňka
Baya	Bobule
Cereza	Třešeň
Coco	Kokos
Frambuesa	Malina
Guayaba	Guava
Kiwi	Kiwi
Limón	Citron
Mango	Mango
Manzana	Jablko
Melocotón	Broskev
Melón	Meloun
Naranja	Oranžový
Nectarina	Nektarinka
Papaya	Papája
Pera	Hruška
Piña	Ananas
Plátano	Banán
Uva	Hrozen

Fuerza y Gravedad
Síla a Gravitace

Centro	Centrum
Descubrimiento	Objev
Dinámico	Dynamický
Distancia	Vzdálenost
Eje	Osa
Expansión	Expanze
Física	Fyzika
Fricción	Tření
Impacto	Dopad
Magnetismo	Magnetismus
Magnitud	Velikost
Mecánica	Mechanika
Órbita	Obíhat
Peso	Hmotnost
Planetas	Planety
Presión	Tlak
Propiedades	Vlastnosti
Tiempo	Čas
Universal	Univerzální
Velocidad	Rychlost

Geografía
Kategorie: Geografie

Atlas	Atlas
Ciudad	Město
Continente	Kontinent
Ecuador	Rovník
Este	Východ
Hemisferio	Polokoule
Isla	Ostrov
Mapa	Mapa
Mar	Moře
Meridiano	Poledník
Montaña	Hora
Mundo	Svět
Norte	Severní
Océano	Oceán
Oeste	Západ
País	Země
Región	Region
Río	Řeka
Sur	Jih
Territorio	Území

Geología
Geologie

Ácido	Kyselina
Calcio	Vápník
Capa	Vrstva
Caverna	Jeskyně
Continente	Kontinent
Coral	Korál
Cristales	Krystaly
Cuarzo	Křemen
Erosión	Eroze
Estalactita	Stalaktit
Estalagmitas	Stalagmity
Fósil	Fosilie
Géiser	Gejzír
Lava	Láva
Meseta	Plošina
Minerales	Minerály
Piedra	Kámen
Sal	Sůl
Terremoto	Zemětřesení
Volcán	Sopka

Geometría
Geometrie

Altura	Výška
Ángulo	Úhel
Cálculo	Výpočet
Curva	Křivka
Diámetro	Průměr
Dimensión	Dimenze
Ecuación	Rovnice
Horizontal	Horizontální
Lógica	Logika
Masa	Hmotnost
Mediana	Medián
Número	Číslo
Paralelo	Rovnoběžný
Proporción	Poměr
Segmento	Segment
Simetría	Symetrie
Superficie	Povrch
Teoría	Teorie
Triángulo	Trojúhelník
Vertical	Vertikální

Gobierno
Vláda

Ciudadanía	Občanství
Civil	Civilní
Constitución	Ústava
Democracia	Demokracie
Discurso	Projev
Discusión	Diskuse
Distrito	Okres
Estado	Stát
Igualdad	Rovnost
Independencia	Nezávislost
Judicial	Soudní
Justicia	Spravedlnost
Ley	Zákon
Libertad	Svoboda
Líder	Vůdce
Monumento	Pomník
Nacional	Národní
Nación	Národ
Política	Politika
Símbolo	Symbol

Granja #1
Farma #1

Abeja	Včela
Agricultura	Zemědělství
Agua	Voda
Arroz	Rýže
Burro	Osel
Caballo	Kůň
Cabra	Koza
Campo	Pole
Cuervo	Vrána
Fertilizante	Hnojivo
Gato	Kočka
Heno	Seno
Miel	Med
Perro	Pes
Pollo	Kuře
Semillas	Semena
Ternero	Tele
Tierra	Přistát
Vaca	Kráva
Valla	Plot

Granja #2
Farma #2

Agricultor	Zemědělec
Animales	Zvířata
Cebada	Ječmen
Colmena	Úl
Comida	Jídlo
Cordero	Jehněčí
Fruta	Ovoce
Granero	Stodola
Huerto	Sad
Leche	Mléko
Llama	Lama
Maíz	Kukuřice
Oveja	Ovce
Pastor	Pastýř
Pato	Kachna
Prado	Louka
Riego	Zavlažování
Tractor	Traktor
Trigo	Pšenice
Vegetal	Zelenina

Herboristería
Bylinkářství

Ajo	Česnek
Albahaca	Bazalka
Aromático	Aromatický
Azafrán	Šafrán
Calidad	Kvalita
Culinario	Kulinářské
Eneldo	Kopr
Estragón	Estragon
Flor	Květina
Hinojo	Fenykl
Ingrediente	Přísada
Jardín	Zahrada
Lavanda	Levandule
Mejorana	Majoránka
Menta	Máta
Perejil	Petržel
Planta	Rostlina
Romero	Rozmarýn
Sabor	Příchuť
Verde	Zelená

Ingeniería
Inženýrství

Ángulo	Úhel
Cálculo	Výpočet
Construcción	Konstrukce
Diagrama	Diagram
Diámetro	Průměr
Diesel	Nafta
Distribución	Distribuce
Eje	Osa
Energía	Energie
Estabilidad	Stabilita
Estructura	Struktura
Fricción	Tření
Fuerza	Síla
Líquido	Kapalina
Máquina	Stroj
Medición	Měření
Motor	Motor
Palancas	Páky
Profundidad	Hloubka
Propulsión	Pohon

Instrumentos Musicales
Hudební Nástroje

Armónica	Harmonika
Arpa	Harfa
Banjo	Bendžo
Clarinete	Klarinet
Fagot	Fagot
Flauta	Flétna
Gong	Gong
Guitarra	Kytara
Mandolina	Mandolína
Marimba	Marimba
Oboe	Hoboj
Pandereta	Tamburína
Percusión	Poklep
Piano	Klavír
Saxofón	Saxofon
Tambor	Buben
Trombón	Pozoun
Trompeta	Trubka
Violín	Housle
Violonchelo	Violoncello

Jardín
Zahrada

Arbusto	Keř
Árbol	Strom
Banco	Lavice
Césped	Trávník
Estanque	Rybník
Flor	Květina
Garaje	Garáž
Hamaca	Houpací Sít
Hierba	Tráva
Huerto	Sad
Jardín	Zahrada
Malezas	Plevel
Manguera	Hadice
Pala	Lopata
Porche	Veranda
Rastrillo	Hrábě
Suelo	Půda
Terraza	Terasa
Trampolín	Trampolína
Valla	Plot

Jazz
Jazz

Artista	Umělec
Álbum	Album
Canción	Píseň
Composición	Složení
Compositor	Skladatel
Concierto	Koncert
Estilo	Styl
Énfasis	Důraz
Famoso	Slavný
Favoritos	Oblíbené
Género	Žánr
Improvisación	Improvizace
Música	Hudba
Nuevo	Nový
Orquesta	Orchestr
Ritmo	Rytmus
Talento	Talent
Tambores	Bicí
Técnica	Technika
Viejo	Starý

La Empresa
Společnost

Calidad	Kvalita
Creativo	Tvořivý
Decisión	Rozhodnutí
Empleo	Zaměstnání
Global	Globální
Industria	Průmysl
Ingresos	Výnos
Innovador	Inovační
Inversión	Investice
Negocio	Podnikání
Posibilidad	Možnost
Presentación	Prezentace
Producto	Produkt
Profesional	Profesionální
Progreso	Pokrok
Recursos	Zdroje
Reputación	Pověst
Riesgos	Rizika
Tendencias	Trendy
Unidades	Jednotky

Libros
Knihy

Autor	Autor
Aventura	Dobrodružství
Colección	Sbírka
Contexto	Kontext
Dualidad	Dualita
Escrito	Psaný
Historia	Příběh
Histórico	Historický
Humorístico	Vtipný
Inventivo	Vynalézavý
Lector	Čtenář
Literario	Literární
Narrador	Vypravěč
Novela	Román
Página	Stránka
Pertinente	Relevantní
Poema	Báseň
Poesía	Poezie
Serie	Řada
Trágico	Tragický

Literatura
Literatura

Analogía	Analogie
Análisis	Analýza
Anécdota	Anekdota
Autor	Autor
Biografía	Životopis
Comparación	Srovnání
Conclusión	Závěr
Descripción	Popis
Diálogo	Dialog
Estilo	Styl
Ficción	Beletrie
Metáfora	Metafora
Narrador	Vypravěč
Novela	Román
Poema	Báseň
Poético	Poetický
Rima	Rým
Ritmo	Rytmus
Tema	Téma
Tragedia	Tragédie

Los Medios de Comunicación
Médium

Actitudes	Postoje
Comercial	Komerční
Comunicación	Komunikace
Digital	Digitální
Edición	Edice
Educación	Vzdělávání
En Línea	Online
Financiación	Financování
Fotos	Fotky
Hechos	Fakta
Industria	Průmysl
Intelectual	Intelektuální
Local	Místní
Opinión	Názor
Periódicos	Noviny
Público	Veřejný
Radio	Rádio
Red	Síť
Revistas	Časopisy
Televisión	Televize

Mamíferos
Savci

Ballena	Velryba
Burro	Osel
Caballo	Kůň
Camello	Velbloud
Canguro	Klokan
Cebra	Zebra
Conejo	Králík
Coyote	Kojot
Delfín	Delfín
Elefante	Slon
Gato	Kočka
Gorila	Gorila
Jirafa	Žirafa
Lobo	Vlk
Mono	Opice
Oso	Medvěd
Oveja	Ovce
Perro	Pes
Toro	Býk
Zorro	Liška

Matemáticas
Matematika

Aritmética	Aritmetický
Ángulos	Úhly
Circunferencia	Obvod
Cuadrado	Náměstí
Decimal	Desetinný
Diámetro	Průměr
Ecuación	Rovnice
Esfera	Koule
Exponente	Exponent
Fracción	Zlomek
Geometría	Geometrie
Paralelo	Rovnoběžný
Paralelogramo	Rovnoběžník
Perpendicular	Kolmý
Polígono	Polygon
Radio	Poloměr
Rectángulo	Obdélník
Simetría	Symetrie
Triángulo	Trojúhelník
Volumen	Objem

Mediciones
Měření

Altura	Výška
Ancho	Šířka
Byte	Bajt
Centímetro	Centimetr
Decimal	Desetinný
Grado	Stupeň
Gramo	Gram
Kilogramo	Kilogram
Kilómetro	Kilometr
Litro	Litr
Longitud	Délka
Metro	Metr
Minuto	Minuta
Onza	Unce
Peso	Hmotnost
Pinta	Pinta
Profundidad	Hloubka
Pulgada	Palec
Tonelada	Tón
Volumen	Objem

Meditación
Rozjímání

Aceptación	Přijetí
Atención	Pozornost
Bondad	Laskavost
Calma	Uklidnit
Claridad	Jasnost
Compasión	Soucit
Emociones	Emoce
Felicidad	Štěstí
Gratitud	Vděčnost
Mental	Duševní
Mente	Mysl
Movimiento	Hnutí
Música	Hudba
Naturaleza	Příroda
Observación	Pozorování
Paz	Mír
Pensamientos	Myšlenky
Perspectiva	Perspektiva
Respiración	Dýchání
Silencio	Umlčet

Mitología
Mytologie

Arquetipo	Archetyp
Celos	Žárlivost
Cielo	Nebe
Comportamiento	Chování
Creación	Vytvoření
Creencias	Přesvědčení
Criatura	Stvoření
Cultura	Kultura
Desastre	Katastrofa
Fuerza	Síla
Guerrero	Bojovník
Héroe	Hrdina
Inmortalidad	Nesmrtelnost
Laberinto	Labyrint
Leyenda	Legenda
Monstruo	Příšera
Mortal	Smrtelný
Rayo	Blesk
Trueno	Hrom
Venganza	Pomsta

Música
Hudba

Armonía	Harmonie
Armónico	Harmonický
Álbum	Album
Balada	Balada
Cantante	Zpěvák
Cantar	Zpívat
Clásico	Klasický
Coro	Refrén
Grabación	Nahrávka
Improvisar	Improvizovat
Instrumento	Nástroj
Melodía	Melodie
Micrófono	Mikrofon
Musical	Hudební
Músico	Hudebník
Ópera	Opera
Poético	Poetický
Ritmo	Rytmus
Tempo	Tempo
Vocal	Hlasový

Naturaleza
Příroda

Abejas	Včely
Animales	Zvířata
Ártico	Arktický
Belleza	Krása
Bosque	Les
Desierto	Poušť
Dinámico	Dynamický
Erosión	Eroze
Follaje	List
Glaciar	Ledovec
Montañas	Hory
Niebla	Mlha
Nubes	Mraky
Refugio	Útočiště
Río	Řeka
Salvaje	Divoký
Santuario	Svatyně
Sereno	Klidný
Tropical	Tropický
Vital	Vitální

Negocio
Podnikání

Carrera	Kariéra
Costo	Náklady
Descuento	Sleva
Dinero	Peníze
Economía	Ekonomie
Empleado	Zaměstnanec
Empleador	Zaměstnavatel
Empresa	Společnost
Fábrica	Továrna
Finanzas	Finance
Impuestos	Daně
Inversión	Investice
Mercancía	Zboží
Moneda	Měna
Oficina	Kancelář
Presupuesto	Rozpočet
Tienda	Obchod
Trabajo	Práce
Transacción	Transakce
Venta	Prodej

Nutrición
Výživa

Amargo	Horký
Apetito	Chuť
Calidad	Kvalita
Calorías	Kalorie
Carbohidratos	Sacharid
Comestible	Jedlý
Dieta	Strava
Digestión	Trávení
Equilibrado	Vyvážený
Fermentación	Kvašení
Hábitos	Zvyky
Nutriente	Živina
Peso	Hmotnost
Proteínas	Proteiny
Sabor	Příchuť
Salsa	Omáčka
Salud	Zdraví
Saludable	Zdravý
Toxina	Toxin
Vitamina	Vitamín

Números
Čísla

Catorce	Čtrnáct
Cero	Nula
Cinco	Pět
Cuatro	Čtyři
Decimal	Desetinný
Diecinueve	Devatenáct
Dieciocho	Osmnáct
Dieciséis	Šestnáct
Diecisiete	Sedmnáct
Diez	Deset
Doce	Dvanáct
Dos	Dva
Nueve	Devět
Ocho	Osm
Quince	Patnáct
Seis	Šest
Siete	Sedm
Trece	Třináct
Tres	Tři
Veinte	Dvacet

Océano
Oceán

Alga	Řasy
Anguila	Úhoř
Arrecife	Útes
Atún	Tuňák
Ballena	Velryba
Barco	Loď
Camarón	Kreveta
Cangrejo	Krab
Coral	Korál
Delfín	Delfín
Esponja	Houba
Mareas	Přílivy
Medusa	Medúza
Ostra	Ústřice
Pescado	Ryba
Pulpo	Chobotnice
Sal	Sůl
Tiburón	Žralok
Tormenta	Bouře
Tortuga	Želva

Paisajes
Krajiny

Cascada	Vodopád
Cueva	Jeskyně
Desierto	Poušť
Estuario	Ústí
Géiser	Gejzír
Golfo	Záliv
Iceberg	Ledovec
Isla	Ostrov
Lago	Jezero
Laguna	Laguna
Mar	Moře
Montaña	Hora
Oasis	Oáza
Pantano	Bažina
Península	Poloostrov
Playa	Pláž
Río	Řeka
Tundra	Tundra
Valle	Údolí
Volcán	Sopka

Países #1
Země #1

Alemania	Německo
Argentina	Argentina
Bélgica	Belgie
Brasil	Brazílie
Canadá	Kanada
Ecuador	Ekvádor
Egipto	Egypt
España	Španělsko
Filipinas	Filipíny
Honduras	Honduras
India	Indie
Italia	Itálie
Libia	Libye
Malí	Mali
Marruecos	Maroko
Nicaragua	Nikaragua
Noruega	Norsko
Panamá	Panama
Polonia	Polsko
Venezuela	Venezuela

Países #2
Země #2

Albania	Albánie
Australia	Austrálie
Austria	Rakousko
Dinamarca	Dánsko
Etiopía	Etiopie
Francia	Francie
Grecia	Řecko
Indonesia	Indonésie
Irlanda	Irsko
Jamaica	Jamajka
Japón	Japonsko
Laos	Laos
México	Mexiko
Pakistán	Pákistán
Portugal	Portugalsko
Rusia	Rusko
Siria	Sýrie
Sudán	Súdán
Ucrania	Ukrajina
Uganda	Uganda

Pájaros
Ptactvo

Avestruz	Pštros
Águila	Orel
Cigüeña	Čáp
Cisne	Labuť
Cuco	Kukačka
Cuervo	Vrána
Flamenco	Plameňák
Ganso	Husa
Garza	Volavka
Gaviota	Racek
Gorrión	Vrabec
Halcón	Jestřáb
Huevo	Vejce
Loro	Papoušek
Paloma	Holub
Pato	Kachna
Pelícano	Pelikán
Pingüino	Tučňák
Pollo	Kuře
Tucán	Tukan

Plantas
Rostliny

Arbusto	Keř
Árbol	Strom
Bambú	Bambus
Baya	Bobule
Bosque	Les
Botánica	Botanika
Cactus	Kaktus
Crecer	Růst
Fertilizante	Hnojivo
Flor	Květina
Flora	Flóra
Follaje	List
Frijol	Fazole
Hiedra	Břečťan
Hierba	Tráva
Jardín	Zahrada
Musgo	Mech
Raíz	Kořen
Sol	Slunce
Vegetación	Vegetace

Profesiones #1
Profese #1

Abogado	Advokát
Astrónomo	Astronom
Atleta	Sportovec
Bailarín	Tanečník
Banquero	Bankéř
Bombero	Hasič
Cartógrafo	Kartograf
Cazador	Lovec
Doctor	Lékař
Editor	Editor
Embajador	Velvyslanec
Enfermera	Sestra
Entrenador	Trenér
Fontanero	Instalatér
Geólogo	Geolog
Joyero	Klenotník
Músico	Hudebník
Pianista	Pianista
Psicólogo	Psycholog
Veterinario	Veterinář

Profesiones #2
Profese #2

Astronauta	Astronaut
Bibliotecario	Knihovník
Biólogo	Biolog
Cirujano	Chirurg
Dentista	Zubař
Detective	Detektiv
Filósofo	Filozof
Fotógrafo	Fotograf
Ilustrador	Ilustrátor
Ingeniero	Inženýr
Inventor	Vynálezce
Investigador	Výzkumník
Jardinero	Zahradník
Lingüista	Lingvista
Médico	Lékař
Periodista	Novinář
Piloto	Pilot
Pintor	Malíř
Profesor	Učitel
Zoólogo	Zoolog

Psicología
Psychologie

Cita	Jmenování
Clínico	Klinický
Cognición	Poznání
Comportamiento	Chování
Conflicto	Konflikt
Ego	Ego
Emociones	Emoce
Evaluación	Posouzení
Ideas	Nápady
Inconsciente	Nevědomý
Infancia	Dětství
Pensamientos	Myšlenky
Percepción	Vnímání
Personalidad	Osobnost
Problema	Problém
Realidad	Realita
Sensación	Pocit
Subconsciente	Podvědomý
Sueños	Sny
Terapia	Terapie

Química
Chemie

Alcalino	Alkalické
Ácido	Kyselina
Calor	Teplo
Carbono	Uhlík
Catalizador	Katalyzátor
Cloro	Chlór
Electrón	Elektron
Enzima	Enzym
Gas	Plyn
Hidrógeno	Vodík
Ion	Iont
Líquido	Kapalina
Metales	Kovy
Molécula	Molekula
Nuclear	Jaderný
Oxígeno	Kyslík
Peso	Hmotnost
Reacción	Reakce
Sal	Sůl
Temperatura	Teplota

Restaurante #1
Restaurace #1

Alergia	Alergie
Café	Káva
Cajero	Pokladní
Camarera	Číšnice
Carne	Maso
Cocina	Kuchyně
Comer	Jíst
Comida	Jídlo
Cuchillo	Nůž
Ingredientes	Ingredience
Menú	Menu
Pan	Chléb
Picante	Pikantní
Plato	Talíř
Pollo	Kuře
Postre	Dezert
Reserva	Rezervace
Salsa	Omáčka
Servilleta	Ubrousek
Tazón	Mísa

Restaurante #2
Restaurace #2

Agua	Voda
Almuerzo	Oběd
Aperitivo	Předkrm
Bebida	Nápoj
Camarero	Číšník
Cena	Večeře
Cuchara	Lžíce
Delicioso	Lahodné
Ensalada	Salát
Especias	Koření
Fruta	Ovoce
Hielo	Led
Huevos	Vejce
Pastel	Dort
Pescado	Ryba
Sal	Sůl
Silla	Židle
Sopa	Polévka
Tenedor	Vidlička
Verduras	Zelenina

Ropa
Oblečení

Abrigo	Kabát
Blusa	Halenka
Bufanda	Šátek
Camisa	Košile
Chaqueta	Bunda
Cinturón	Pás
Collar	Náhrdelník
Delantal	Zástěra
Falda	Sukně
Guantes	Rukavice
Joyas	Šperky
Moda	Móda
Pantalones	Kalhoty
Pijama	Pyžamo
Pulsera	Náramek
Sandalias	Sandály
Sombrero	Klobouk
Suéter	Svetr
Vestido	Šaty
Zapato	Bota

Salud y Bienestar #1
Zdraví a Wellness #1

Activo	Aktivní
Altura	Výška
Bacterias	Bakterie
Clínica	Klinika
Doctor	Lékař
Farmacia	Lékárna
Fractura	Zlomenina
Hambre	Hlad
Hábito	Zvyk
Hormonas	Hormony
Huesos	Kosti
Medicina	Lék
Músculos	Svaly
Nervios	Nervy
Piel	Kůže
Reflejo	Reflex
Relajación	Relaxace
Terapia	Terapie
Tratamiento	Léčba
Virus	Virus

Salud y Bienestar #2
Zdraví a Wellness #2

Alergia	Alergie
Anatomía	Anatomie
Apetito	Chuť
Caloría	Kalorie
Dieta	Strava
Digestión	Trávení
Energía	Energie
Enfermedad	Nemoc
Estrés	Stres
Genética	Genetika
Higiene	Hygiena
Hospital	Nemocnice
Infección	Infekce
Masaje	Masáž
Nutrición	Výživa
Peso	Hmotnost
Recuperación	Zotavení
Saludable	Zdravý
Sangre	Krev
Vitamina	Vitamín

Selva Tropical
Deštný Prales

Anfibios	Obojživelníci
Botánico	Botanický
Clima	Klima
Comunidad	Společenství
Diversidad	Rozmanitost
Especie	Druh
Indígena	Původní
Insectos	Hmyz
Mamíferos	Savci
Musgo	Mech
Naturaleza	Příroda
Nubes	Mraky
Pájaros	Ptáci
Preservación	Zachování
Refugio	Útočiště
Respeto	Úcta
Restauración	Obnovení
Selva	Džungle
Supervivencia	Přežití
Valioso	Cenný

Senderismo
Pěší Turistika

Acantilado	Útes
Agua	Voda
Animales	Zvířata
Botas	Boty
Camping	Kempování
Cansado	Unavený
Clima	Klima
Cumbre	Summit
Guías	Průvodce
Mapa	Mapa
Montaña	Hora
Mosquitos	Komáři
Naturaleza	Příroda
Orientación	Orientace
Parques	Parky
Pesado	Těžký
Piedras	Kameny
Preparación	Příprava
Salvaje	Divoký
Sol	Slunce

Suministros de Arte
Výtvarné Potřeby

Aceite	Olej
Acrílico	Akryl
Acuarelas	Akvarely
Agua	Voda
Arcilla	Jíl
Borrador	Guma
Caballete	Stojan
Carbón	Dřevěné Uhlí
Cámara	Fotoaparát
Cepillos	Kartáče
Colores	Barvy
Creatividad	Tvořivost
Ideas	Nápady
Lápices	Tužky
Mesa	Stůl
Papel	Papír
Pasteles	Pastely
Pegamento	Lepidlo
Silla	Židle
Tinta	Inkoust

Tiempo
Čas

Ahora	Teď
Antes	Před
Anual	Roční
Año	Rok
Ayer	Včera
Calendario	Kalendář
Década	Desetiletí
Día	Den
Futuro	Budoucnost
Hora	Hodina
Hoy	Dnes
Mañana	Ráno
Mediodía	Poledne
Mes	Měsíc
Minuto	Minuta
Momento	Okamžik
Noche	Noc
Reloj	Hodiny
Semana	Týden
Siglo	Století

Tipos de Cabello
Typy Vlasů

Blanco	Bílý
Brillante	Lesklý
Cabelludo	Skalp
Calvo	Plešatý
Corto	Krátký
Delgada	Tenký
Gris	Šedá
Grueso	Tlustý
Largo	Dlouhý
Marrón	Hnědý
Negro	Černá
Ondulado	Vlnitý
Plata	Stříbro
Rizado	Kudrnatý
Rizos	Kadeř
Rubio	Blond
Saludable	Zdravý
Seco	Suchý
Suave	Měkký
Trenzado	Pletené

Universo
Vesmír
Asteroide	Asteroid
Astronomía	Astronomie
Astrónomo	Astronom
Atmósfera	Atmosféra
Celestial	Nebeský
Cielo	Nebe
Cósmico	Vesmírný
Ecuador	Rovník
Galaxia	Galaxie
Hemisferio	Polokoule
Horizonte	Horizont
Inclinación	Náklon
Luna	Měsíc
Oscuridad	Tma
Órbita	Obíhat
Solar	Solární
Solsticio	Slunovrat
Telescopio	Dalekohled
Visible	Viditelný
Zodíaco	Zvěrokruh

Vacaciones #2
Dovolená #2
Aeropuerto	Letiště
Carpa	Stan
Destino	Destinace
Extranjero	Cizinec
Fotos	Fotky
Hotel	Hotel
Isla	Ostrov
Mapa	Mapa
Mar	Moře
Ocio	Volný Čas
Pasaporte	Cestovní Pas
Playa	Pláž
Reservas	Rezervace
Restaurante	Restaurace
Taxi	Taxi
Transporte	Doprava
Tren	Vlak
Vacaciones	Dovolená
Viaje	Cesta
Visa	Vízum

Vehículos
Životnost
Ambulancia	Sanitka
Autobús	Autobus
Avión	Letadlo
Balsa	Vor
Barco	Loď
Bicicleta	Jízdní Kolo
Camión	Náklaďák
Caravana	Karavana
Coche	Auto
Cohete	Raketa
Ferry	Trajekt
Furgoneta	Dodávka
Helicóptero	Vrtulník
Metro	Metro
Motor	Motor
Neumáticos	Pneumatiky
Submarino	Ponorka
Taxi	Taxi
Tractor	Traktor
Tren	Vlak

Verduras
Zelenina
Ajo	Česnek
Alcachofa	Artyčok
Apio	Celer
Berenjena	Lilek
Brócoli	Brokolice
Calabaza	Dýně
Cebolla	Cibule
Ensalada	Salát
Espinacas	Špenát
Guisante	Hrášek
Jengibre	Zázvor
Nabo	Tuřín
Oliva	Oliva
Patata	Brambor
Pepino	Okurka
Perejil	Petržel
Rábano	Ředkev
Seta	Houba
Tomate	Rajče
Zanahoria	Mrkev

Enhorabuena

Lo has conseguido!

Esperamos que hayas disfrutado de este libro tanto como nosotros al diseñarlo. Nos esforzamos por crear libros de la máxima calidad posible.
Esta edición está diseñada para proporcionar un aprendizaje inteligente, de calidad y divertido!

¿Te ha gustado este libro?

Una Petición Sencilla

Estos libros existen gracias a las reseñas que se publican.
¿Podrías ayudarnos dejando una reseña ahora?
Aquí tienes un breve enlace a la página de reseñas

BestBooksActivity.com/Opiniones50

¡DESAFÍO FINAL!

Reto n°1

¿Estás listo para tu juego gratis? Los utilizamos siempre, pero no son tan fáciles de encontrar. ¡Aquí están los **Sinónimos**!
Escribe 5 palabras que hayas encontrado en los rompecabezas (#21, #36, #76) y trata de encontrar 2 sinónimos para cada palabra.

Escriba 5 palabras del **Puzzle 21**

Palabras	Sinónimo 1	Sinónimo 2

Escriba 5 palabras del **Puzzle 36**

Palabras	Sinónimo 1	Sinónimo 2

Escriba 5 palabras del **Puzzle 76**

Palabras	Sinónimo 1	Sinónimo 2

Reto n°2

Ahora que te has calentado, escribe 5 palabras que hayas encontrado en los Puzzles 9, 17 y 25 e intenta encontrar 2 antónimos para cada palabra. ¿Cuántos puedes encontrar en 20 minutos?

Escriba 5 palabras del **Puzzle 9**

Palabras	Antónimo 1	Antónimo 2

Escriba 5 palabras del **Puzzle 17**

Palabras	Antónimo 1	Antónimo 2

Escriba 5 palabras del **Puzzle 25**

Palabras	Antónimo 1	Antónimo 2

Reto n°3

¡Genial! Este desafío final no es nada para ti.

¿Preparado para el reto final? Elige 10 palabras que hayas descubierto en los diferentes rompecabezas y escríbelas a continuación.

1.	6.
2.	7.
3.	8.
4.	9.
5.	10.

Ahora escribe un texto pensando en una persona, un animal o un lugar que te guste.

Puedes usar la última página de este libro como borrador.

Tu Composición:

CUADERNO DE NOTAS :

HASTA PRONTO !

Todo el Equipo

DESCUBRA JUEGOS GRATIS

GO

↓

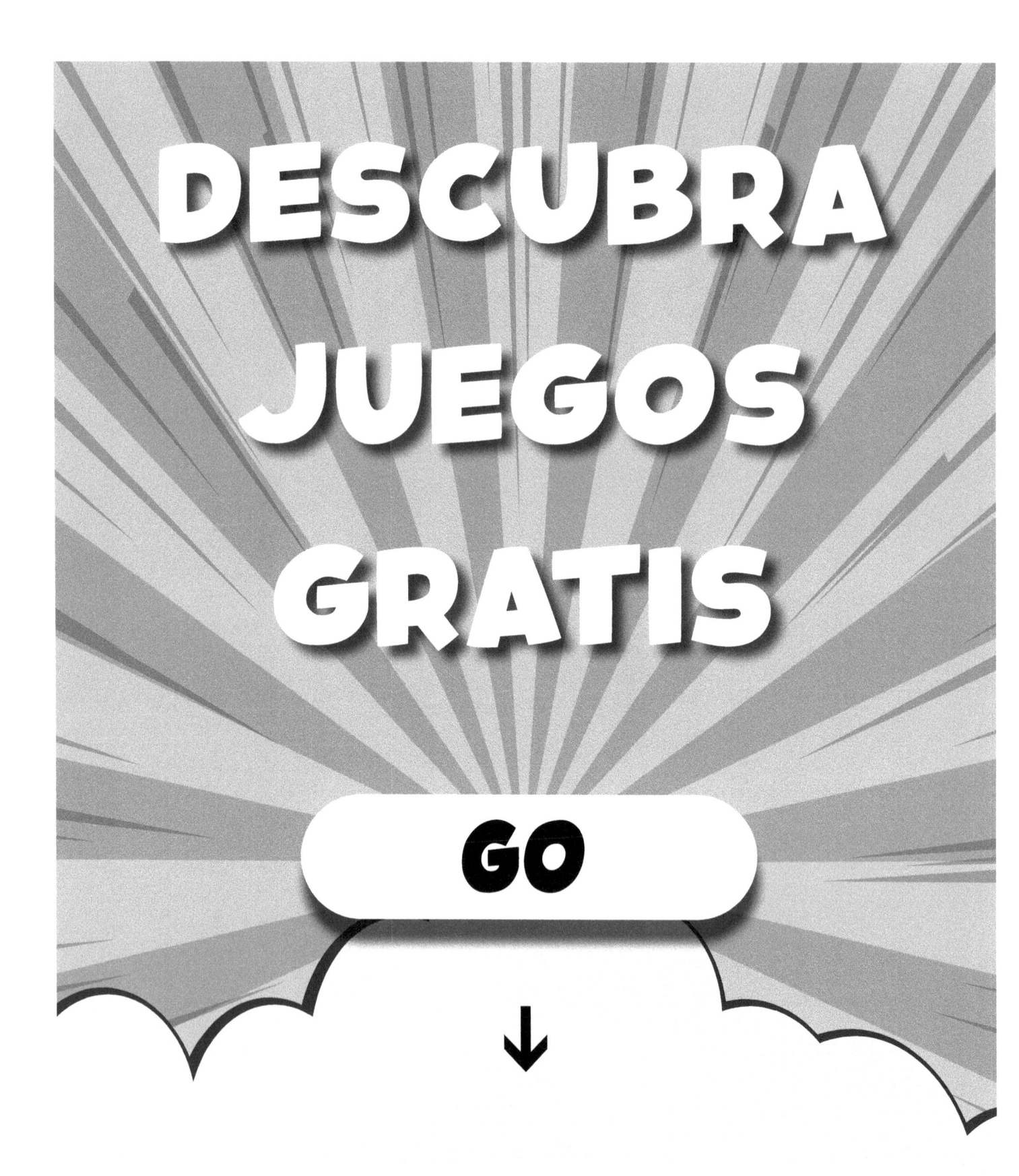

BESTACTIVITYBOOKS.COM/FREEGAMES